ELOGIO À LOUCURA DE NIETZSCHE

Uma Metáfora

3 DE ABRIL DE 2008
EDITOA DO CARMO
Evan do Carmo

EDITORA DO CARMO
www.editoradocarmo.com
editoradocarmo@gmail.com

Elogio à Loucura de Nietzsche

Uma metáfora
Evan do Carmo

© *by* Evan do Carmo - 2008

FICHA TÉCNICA

Arte da capa:	*O autor*
Editoração eletrônica:	*Heverson Henrique*
Revisão / composição:	*Iranete Pontes*
Supervisão:	*Victor Tagore*

ISBN-13: 978-8570627636
ISBN-10: 8570627637

C287e Carmo, Evan do
Elogio à Loucura de Nietzsche / Evan do Carmo, — Brasília: Thesaurus, 2008.
156p
    1. Filosofia, ensaio Evan do Carmo. Título 2.

  Todos os direitos em língua portuguesa, no Brasil, reservados de acordo com a lei. Nenhuma parte deste livro pode ser reproduzida ou transmitida de qualquer forma ou por qualquer meio, incluindo fotocópia, gravação ou informação computadorizada, sem permissão por escrito do Autor.

Composto e impresso no Brasil

EDITORA DO CARMO
www.editoradocarmo.com
editoradocarmo@gmail.com

Elogio à Loucura de Nietzsche   Evan do Carmo

Roteiro de Leitura

Escrever sobre Nietzsche é uma temeridade audaciosa, especular seu pensamento dialético cortante, de dimensão ciclópica que examina a nudez até do nada, exige independência de espírito e intelecto vigoroso. Pois mergulhar no caos absurdo dos dogmas e romper sagrados tabus milenares, não é tarefa para fracos genuflexos rezadores.

A essência da sua filosofia reflete o silogismo da fé raciocinada. Nele não há medo, nenhum receio devoto de ofender os deuses de fogo ou de pedra, nenhum temor beato de passar por cima de preconceitos místicos superados e exigir, fora da superstição e da idolatria hipócrita, a análise reveladora da verdadeira exegética religiosa. O maniqueísmo estereotipado pequeno-burguês que separa Deus do homem, céu do inferno; o certo do errado, é tolo, insensato. Porque tudo se sustenta pelos opostos: da inconstância brota o que é firme como uma rocha, do sonho nasce a realidade (o avião é prova). O que torna impossível a separação definitiva em compartimentos, lacunas estanques. A metáfora do tabuleiro de xadrez ilustra bem a questão. Pois o ritmo do universo ondula na curvatura relativa da luz cintilante na noite eterna. A dualidade

Elogio à Loucura de Nietzsche   Evan do Carmo

comanda os ciclos da vida; como no pêndulo, do bem para o mal, alterna razão apolínea; ora, impulsividade dionisíaca. Que movimento pode ser dínamo absoluto?

A energia cósmica é sinuosa como uma cobra, este símbolo da medicina, a contradição do veneno no antídoto, o paradoxo do demônio no anjo, a discrepância do homem comum diante do Super-homem. Por isso, a luta, o embate de contrários, é a virtude máxima. E bom ideal lícito é aquilo que triunfa, atravessa abismos, vence a obscuridade do mito da caverna, supera os piores pesadelos do apego animal, anula, com a determinação da vontade própria autêntica, os instintos inerentes ao rebanho humano medíocre. Enquanto mau, detestável, repulsivo é aquilo que cede pusilânime e fracassa. É o que Evan do Carmo preconiza no seu livro, nesse formidável *Elogio à Loucura de Nietzsche*. Incorpora as teses controversas do grande filósofo germânico e as repassa para o leitor direto de Zaratustra em tom de conversa cativante.

O livro é uma versão livre, com elementos literários, do perfil filosófico de Zaratustra, suas andanças e falas de sabedoria, sua

Elogio à Loucura de Nietzsche   Evan do Carmo

busca da epifania verdadeira. A linguagem apresenta traços estilísticos reveladores das várias leituras do autor, Evan do Carmo, um erudito poeta discípulo de Nietzsche. Que consegue atrelar com bastante engenhosidade sua visão de mundo aos ensinamentos hauridos na doutrina da Gaia Ciência.

O resultado é uma série de relatos curiosos, um tanto alegóricos das aventuras do seu Zaratustra por um mundo insólito pleno de montanhas mágicas e desafios cabalísticos. A obra apresenta conteúdo eclético: alusões à Bíblia, referências aos grandes autores universais (Homero, Virgílio, Dante, Milton e Camões) conhecimento freudiano da psicologia moderna, e o forte enérgico pensamento mítico do Super-Homem de Nietzsche. Por isso, não se constitui leitura fácil e fluente, exige inteligência lúcida, perspicaz, arguta. Pois a complexidade eloquente de Nietzsche, às vezes, confunde e desorienta. Sua brilhante loucura de gênio iluminado seduz e arrebata, de tão estranha e inquietante.

Cuidado! É perigoso qualquer contato com tal gnose. Elogio à loucura de Nietzsche sincretiza Erasmo de Roterdã, Spinoza,

Elogio à Loucura de Nietzsche   Evan do Carmo

Schopenhauer, como citações obrigatórias à compreensão ideal de Zaratustra.

Assim, Evan do Carmo oferece ao leitor um roteiro sinuoso, mas empolgante para entender a essência arquetípica do filósofo que concebeu o mito do Super-Homem. Leitura oportuna e necessária, a obra agrada, provoca, exige apuradas reflexões, misto de literatura e ensaio filosófico, não pode ser lida superficialmente, merece exame profundo da sua mensagem questionadora das contradições éticas e morais da humanidade.

Jarbas Junior

Professor de Literatura e autor de oito livros.

Elogio à Loucura de Nietzsche   Evan do Carmo

Biografia

Evan do Carmo, Nascido na Paraíba em (29/04/64) é poeta, escritor, romancista, jornalista, músico, filósofo e crítico literário. Fundou e dirigiu o jornal Fakos Universitário. Criou em 2009 a revista Leitura e Crítica. Tem 22 livros publicados, sua obra está disponível em 12 países, (um livro editado em inglês. (O Moralista) Entre outros estão: O Fel e o Mel, Heresia poética, Elogio à Loucura de Nietzsche, Licença Poética, Labirinto Emocional, Presunção, O Cadafalso, Dente de Aço, Alma Mediana, e Língua de Fogo. Participou também com muitos contos em antologias. Foi um dos vencedores do concurso Machado de Assis do SESC DF de 2005. Em 2007 foi jurado na categoria contos do concurso Gente de Talento 2007 promovido pela Caixa Econômica Federal, ao lado de Marcelino Freire. Em 2012 criou e editou até 2015, os Jornais: Correio Brasília, Jornal de Vicente Pires, Jornal de Taguatinga e o Jornal do Gama. Evan do Carmo é estudioso da obra de José Saramago, em 2015 publicou o livro Ensaio Sobre a Loucura, e o livro Reflexões de Saramago, momentos antes de sua morte, o livro nos oferece um panorama perfeito na voz do próprio Saramago em forma de ficção ensaísta, sobre a obra do Nobel Português. Em 2016 criou a Editora do Carmo e o projeto **Dez Poetas e Eu**, *onde já publicou 100 poetas, e o livro* Um Brinde à Poesia, *uma obra de coautoria com outros poetas contemporâneos.*

Elogio à Loucura de Nietzsche				Evan do Carmo

Nota do autor

Embora seja este livro singular, e que para alguns possa parecer confuso, devo ressaltar que, para um ou dois espíritos capazes de exercerem a liberdade do Super-Homem, acharão nele uma riqueza incalculável. Há, não tenho dúvidas, homens com estômago desenvolvido que suportarão a acidez do meu lauto banquete psicológico, e espero que possam compreender nessas despretensiosas páginas, um pouco da profundidade da alma do seu autor. Uma frase de Oscar Wilde: —não existem livros bons ou ruins, há sim, livros mal escritos. Alguém já falou que a metade de um livro é de quem o lê e a outra metade é de quem o escreve. Eu, porém, afirmo que o livro é do autor enquanto escreve; uma vez nas mãos do leitor, a este pertence, cabe-lhe decidir o que fará com a leitura.

Ofereço, assim, o que considero mais precioso do meu tesouro sapiencial, aquilo que levei décadas para adquirir, à custa de trabalho árduo, de estudo meticuloso e incessante. Agora, leia-o, esteja livre para fazer dele o que lhe convier: devorá-lo com a

Elogio à Loucura de Nietzsche   Evan do Carmo

volúpia de quem se vê diante de um espelho revelador das mais recônditas anomalias e inquietações da alma, que até então não foi capaz de compreendê-las, ou simplesmente desconsidere a luminosidade que acaba de ofuscar sua imagem como um prisma transparente.

Elogio à Loucura de Nietzsche   Evan do Carmo

Prefácio do autor

Sobre este compêndio de valor imensurável para mim, eu preciso acrescentar algumas recomendações, sobretudo para quem não teve o dom de compreender o livro de Nietzsche, Assim falou Zaratustra. Recomendo muita cautela. Não desperdice muita energia mental, caso tenha dificuldade, para não enlouquecer. É imperativo ser um leitor de estatura nobre, definida, capaz de compreender o texto pelo texto, e pela leitura antecipada. Será necessário ter absorvido toda literatura importante, acima de tudo aquela que se faz obrigatória no contexto universal: de —Deus a Moisés de Dante a Virgílio, de Horácio a Bocage, de Homero a Platão, (e a de reforma teológica), de Lutero a kierkegaard, de todos os filósofos pré-socráticos, gregos e —troianos de Heráclito a Sócrates, e ainda, de Voltaire a Cervantes, de Balzac a Machado de Assis, de Dostoievski a Franz Kafka; de Estendal a Goethe, de Sun Tzu a Maquiavel, de Luiz de Camões a —Fernando Pessoas, de Nietzsche a Oscar Wilde, de Espinosa a Albert Einstein, de Descartes a Jean-Paul Sartre, de Schopenhauer a Hegel, de Drummond a Mário Quintana, de Shakespeare a Baudelaire, de Flaubert a Victor Hugo, de Wilhelm Reich a Lacan; de Freud...

Elogio à Loucura de Nietzsche   Evan do Carmo

No entanto, devo ressaltar algo a respeito dos que não compreenderão: eu só tenho de lamentar e rasgar as minhas vestes brancas de intelectual, pois é inconcebível para um ser de sabedoria —milenar, aceitar que seu trabalho seja vulgarizado, ou tratado como uma aventura infantil... Alguns inocentes dirão que este filho produzido no âmago da minha vaidade consciente, com a soma do que encontrei em minha procura de muitas questões de importância psicológica existencial, não pode ser encarado como literatura séria ou importante. Se por acaso isso lhe ocorrer, caro leitor; peço desculpas, pois não devíamos sequer termos sidos apresentados. Entretanto, agradeço a atenção, leia o livro e desconsidere a minha falta de humildade, meu caro irmão. Para as almas indoutas este livro pode ser uma luz na escuridão, ou trevas para quem vive sobre a luz fulgente da ignorância.

"Um livro tem que ser um machado para o mar congelado dentro de nós. A literatura só é digna desse nome quando descongela o sangue de quem lê."

(FRANZ KAFKA)

Elogio à Loucura de Nietzsche   Evan do Carmo

Agradecimento

Quero aproveitar o ensejo para agradecer a generosidade de um homem, que viu no meu —Zaratustra as suas mil faces, foi ele, entre poucos privilegiados que leu trechos dos originais antes do seu fechamento impresso, que viu neste livro um compêndio de valor ímpar, para três ou quatro pessoas. Lembro-me do seu comentário inspirado: —Evan, este livro não é para a humanidade atual ler, muito menos compreender, porém, te asseguro, que é muito especial, e eu pude viajar em cada página, e ver a riqueza psicológica do seu trabalho. Quero ler todo o livro quando for publicado.

Meu abraço e um sincero elogio à sua singular inteligência:
A você meu professor de filosofia. Arnaldo Cerqueira

Evan do Carmo. 06/06/2006

Elogio à Loucura de Nietzsche   Evan do Carmo

Elogio à loucura de Nietzsche

Já falei o que penso de ti meu caro Nietzsche; que és o mais sábio de todos os homens, que és o meu arquétipo celestial no céu da filosofia-poética, que és a sombra que vejo nas minhas braçadas no mar da filosofia, contudo, devo dizer-te que não serás o meu porto final, aonde atracarei meu barco assombrado no fim da minha viagem existencial. Avançarei muito mais, chegarei muito mais longe do que chegaste com o teu Zaratustra, romperei o limiar da tua consciência, descobrirei todos os teus enigmas (Ariadne) aprenderei os complexos passos do teu bailar espiritual. Acharei as sete chaves que abrem as portas mágicas do teu castelo camuflado de caverna, beberei o vinho doce escondido em odres de ouro da tua exuberante inteligência, brindarei com taças de prata a morte do teu guerreiro dançarino medieval (Zaratustra). Habitarei em tua floresta assombrada, plantarei um jardim em teu deserto e brincarei com tua serpente de fogo, tomarei água limpa na fonte suja da tua pretensão, subjugarei a tua soberba com a minha arrogância. Darei de comer aos doze mil homens que te seguem com os sete pães não fermentados da tua dieta, do teu jejum. Cantarei os mantras sagrados à beira da fogueira com o teu

Elogio à Loucura de Nietzsche   Evan do Carmo

velho eremita. Comerei assado o carneiro inocente da tua redenção, brincarei com a serpente negra da tua astúcia, arrancarei teu manto escarlate, e vestirei o hábito branco da tua inocência.

Turvarei todas as fontes em que te embriagaste, onde bebeste o vinho da inspiração maligna da tua vaidade. Não esperarei seis mil anos para revelar o segredo profético da tua ressurreição, anunciarei em tempo certo o caminho do Super-homem, mostrarei ao homem comum os sinais cataclísmicos da sua ignorância, a destruição da besta, do homem de quatro pés. Ensinarei aos teus escolhidos o cântico novo e a dança da libertação eterna. Darei ao **Übermensch** um reino de paz e de justiça, o domínio milenar da tua liberdade, do teu reger imparcial, da tua incomparável sabedoria...

Elogio à Loucura de Nietzsche   Evan do Carmo

Zaratustra: o retorno.

Depois de dormir por seis mil anos, Zaratustra acorda assustado. Sua caverna já não é mais a mesma, nem o mundo que ele conheceu, quando viajava por sua floresta mal-assombrada, ensinando a doutrina da supremacia do homem além do homem. Vaga ele agora pelo universo escuro em uma bolha espacial à altura de seis mil pés da superfície em que morava o Super-Homem que produzira com seus discursos embriagados de presunção. Zaratustra era um eremita espacial, ao seu lado não havia nenhum animal de estimação, nem mesmo a serpente que atravessara com ele o cataclismo atômico. Atordoado, ele à deriva olha sem compreensão do seu tempo. Em que galáxia estará o velho mago? De repente, passa ao seu lado, na velocidade da luz uma manada de asnos alados.

    Zaratustra não compreende aquela visão, e pensa consigo: —terão os homens na nifose para alcançar o Super-homem, se transformado em burros com asas? Ou terá a minha doutrina falhado a ponto de levar a humanidade para uma dimensão fora dos domínios dos céus e da terra? Para algum planeta fora do

Elogio à Loucura de Nietzsche　　　　　　Evan do Carmo

sistema solar? Não! Logo eu que defendia a causa de os homens habitarem na terra e não no céu!

    Enquanto divagava sobre sua culpa nesse episódio triste, para sua ignorância dos fatos, Zaratustra leva um grande susto, e quase é engolido por um dinossauro. Sua visão se abre, e ele constata que não estava mais flutuando no espaço escuro, e sim em algum planeta semelhante à terra conhecida. Não está mais envolto por uma bolha. À frente vê um abismo, um despenhadeiro, a paisagem é igual à terráquea. Sente que não está de fato perdido, agora encontrará sua caverna, sua casa milenar. Zaratustra caminha em círculos, a gravidade não existe. Faz muito frio, um frio glacial. Mais ele não desiste, tenta mais uma vez, e em pulos lunáticos consegue se movimentar para frente e para traz. E pensa: Enfim! Acho que desaprendi como se anda em terra firme. Quanto tempo dormi no gelo? Ou eu estava mesmo dopado? Foi aquele banquete na casa dos padres, a classe sacerdotal abusa da luxúria proporcionada pelo mérito do ofício: a fartura abundante de pratos gordos, as melhores partes dos sacrifícios trazidos por seus bajuladores cegos. Quanta gula! E os pedaços mais nobres eram desperdiçados, enquanto muitos em sua volta não tinham uma migalha de pão.

Elogio à Loucura de Nietzsche   Evan do Carmo

Acho que foi o vinho maligno que me ofereceram depois que dei minha opinião sobre o modo como eles ferravam as suas ovelhas. Mas eles não ficaram zangados, até riram juntos com os pastores que afirmavam fazer a mesma coisa, só que com um ferro mais quente!

Zaratustra caminha em direção do abismo, por curiosidade, quer saber o que há embaixo. À beira do penhasco lá no fundo, ele avista uma enorme cidade com grandes palácios, lagos e rios cristalinos, um campo verde, muita fartura; pensa: —será aqui o paraíso que os pastores falavam se encontrar na bíblia? Os cordeiros terão mesmo herdado a terra que mana leite e mel? Não! Se fosse isso eu estaria em outro lugar, e não aqui para ver o que eu não acreditava. E depois, isso são vestígios das alucinações que experimentei por todos esses anos de isolamento espacial. Deve ser uma miragem, ilusão de viajante dos desertos.

Elogio à Loucura de Nietzsche						Evan do Carmo

A queda

Zaratustra se desequilibra e cai num abismo, e flutuando pousa no meio de uma cidade. Caminha à procura de uma alma viva ou morta, isso já não faz diferença para ele que não sabia em que estado existencial respirava. Muitas casas, propriedades diversas, praças e jardins bem cuidados, gangorras, escorregadores e brinquedos de toda sorte. Contudo, não havia nenhuma criança a correr e a sorrir. —Que mundo tão lindo e ao mesmo tempo tão estranho! Pensou Zaratustra, um pouco preocupado, mesmo ele que não gostava de multidão nem de rebanho atrás de si, sente solidão; quem pararia para ouvir seu discurso? A Humanidade havia sido exterminada da terra, pelo erro da ignorância, ou fora ele que se transmutara para um nível ainda mais alto de consciência? Depois de vagar por muitos becos e por ruas largas e bem limpas, resolveu gritar, chamar atenção de alguém, de algum ser vivo que pudesse lhe indicar que mundo era aquele: homens, mulheres e meninos, onde estão vocês? Padres e pastores, cadê suas ovelhas? Cobras, serpentes e lagartos, aonde foram com seus disfarces diáfanos? Bocas, pernas e orelhas,

Elogio à Loucura de Nietzsche — Evan do Carmo

aonde puseram os homens que lhes emprestavam o espírito, para serem tão arrogantes? Não adiantou os berros de aflição, não havia ouvidos, nem homens de quatro patas para ouvir seu apelo por socorro. —Não irei perder a razão nem a minha eterna paciência, acho que os deuses dos homens comuns ou os homens dos deuses incomuns estão fazendo comigo uma brincadeira, um tipo de teste, para verem até que ponto aguento a solidão e o silêncio do meu discurso, a paralisia da minha doutrina salvadora.

Depois, o que são algumas horas de espera para quem esperou uma eternidade? —Continuarei andando em busca de um som, de um estampido, de algum sinal que me leve a crer que tudo isso faz algum sentido. Duvidamos com justa razão, se tudo que nos cerca é real, porque no fundo desejamos realmente imagináveis, sobretudo as coisas que nos perturbam, contradizem nossa inteligência. A razão no homem, por exemplo, nos põe em pavorosa, este fato concreto nos foi revelado pela premeditação do mal, o que nos deixa ainda mais aflitos, é saber que somos vítimas de uma força, que invés de nos trazer segurança, nos causa receio de viver em sociedade. O medo da razão, do raciocínio dos nossos pares nos revela quanto somos frágeis e menores que os animais. Quanto mais um homem avança no exercício da razão, e

Elogio à Loucura de Nietzsche   Evan do Carmo

na compreensão do mundo e da psicologia dos seres vivos, mais perigoso se torna para si próprio. Por isso eu recomendo aos sábios que não andem pelo meio da multidão, é imprescindível que se isolem. Não pensem meus caros amigos, homens superiores, senhores sapientíssimos, que encontrarão um sábio junto a uma massa de seres brutos ou em meio à manada de asnos falantes. Quem procura sabedoria deve procurá-la no cume do monte, ou na torre mais alta, no meio do deserto, e não em planícies arejadas. Recomendo, portanto, para quem busca a eternidade: um jejum milenar, só sobreviverá para posteridade da sapiência, quem for capaz de viver sem água e pão e peixes mortos que alimentam os tolos por um tempo, mas que logo lhes cobram os ônus, seus corpos e mentes para alimentar os vermes da ignorância. Zaratustra faz mais uma observação sobre a eternidade de um ser solitário: Ainda sobre a eternidade. —Como eu amo a eternidade! Nos delírios dos homens ouvi palavras que formavam as frases mais absurdas, que se pode dar à luz em sã consciência, e todas começavam e terminavam com a palavra eternidade. Como eu amo a eternidade, essência de todo niilismo do homem. —Não tenho nenhum nicho! Até as aves de rapina possuem um ambiente em que podem descansar da sua existência

Elogio à Loucura de Nietzsche   Evan do Carmo

vulgar. Todavia, eu, como espécie ou escopo humano, não encontrei ainda uma cavidade em que possa passar um temporal, um abrigo para me proteger da minha própria consciência. Assim falou Zaratustra.

 Enquanto caminhava depois de muitas voltas em torno da cidade, escuta um alarido de inúmeras vozes, uma multidão de fiéis que entrava e saía de uma gigantesca catedral de ouro, todos cantando um cântico de vitória, um tanto desafinado. —Eu não vi ninguém até agora, e passei por aqui várias vezes, também não havia antes este antro de devassidão celestial, de onde surgiu esta igreja? Falou de si para si. -Devo está tendo visões de um mundo antigo, ou alucinações futuras. No entanto, como explicar este povo todo surgir de repente? Do nada? Procurarei quem são, e o que fazem por aqui: Zaratustra grita: - Ó imensa multidão, de onde vem? Quem são vocês? O que fazem aqui? E para onde vão? Em vão gritou e ninguém lhe deu ouvido, tentou seguir a multidão, mais sentiu um mau cheiro, o ranço da mediocridade, teve medo de ser asfixiado; aos seus olhos pareceu-lhe que eram fantasmas que desapareciam ao seu intento de tocá-los. Em poucos instantes ele já não os via; só o cheiro ainda torturava suas narinas. Depois de muito caminhar em círculos, debaixo de um sol abrasador,

Elogio à Loucura de Nietzsche

Evan do Carmo

Zaratustra percebeu ao seu lado, como que do nada, surgir um lago cristalino de beleza dionisíaca. Sua garganta queima, e o desejo de saciar a sede, não lhe impõe limites no seu delirar glacial. Corre em direção ao lago azul, e cai de boca na limpa miragem do seu viajar galáctico. Quando volta a si, da sua aventura de beber em goles fartos, a água limpa que desejou, ao abrir os olhos úmidos de desilusão, o andarilho vê que não foi água que bebeu e sim o sangue doce das vítimas do holocausto alemão; e ouviu o som ensurdecedor das almas dos que foram mortos por causa do nome de seu Deus, que pediam socorro a um Deus estrangeiro em outra dimensão distante do seu imaginar literal. Quando levanta os olhos e olha à distância, se apavora: súbito, um tropel de cavalos selvagens, em uma velocidade que ultrapassava o estampido de uma bala de fuzil, mais rápido do que a luz de um cometa. Não tem muito mais do que um segundo lunar, para que ele pense em uma saída segura para não ser esmagado pelo vendaval que vem em sua direção. Passa um tufão, ou fora um meteoro? Não sabe mais ao certo que locomotiva espacial era aquela que não pôde lhe destruir a carcaça física que pensava ainda possuir. Não teve medo e nem quis compreender, que visão do inferno fora aquela. Zaratustra sacode a poeira e

Elogio à Loucura de Nietzsche Evan do Carmo

segue em frente, sem olhar para traz prossegue na sua infinita busca de resposta para sua metamorfose; quem era ele agora, deixara de ser homem? Ou foram os homens que transmutaram para outro estado de existência, ou teria sido de consciência?

    Seguindo reto, vai longe, na sua imaginação, no seu caminho torto, quando alcança com os olhos agora limpos, e conscientes, um caminho estreito, onde passa toda sorte de viajantes estrangeiros, bêbados, salteadores e prostitutas, poetas, filósofos e imperadores, e muitos pastores gritando glória a Deus. Zaratustra segue os passos de um profeta malvestido, para ouvir os seus discursos alucinados, cheios de palavrões indecifráveis, para um homem que não aprendera a língua dos santos, que mora na terra do medo, onde não se pode falar contra os deuses do povo santo. Sorrateiramente encosta-se à sombra de um homem sujo, que joga aos porcos as pérolas das luzes celestiais. Sem ser notado, persegue o andarilho dos céus. —Para onde irá este profeta cabeçudo? Fala de si para si: - e onde estão os seus seguidores? Eu nunca vi um profeta sem seguidores; a não ser que este seja o prometido das alturas, que viria libertar o Super-homem da sua ilusão de salvar os homens cegos, mas, se isso for verdade, onde está o Super-homem? Terá chegado atrasado? Os

Elogio à Loucura de Nietzsche   Evan do Carmo

homens já não rastejam mais por este chão, devem ter subido aos céus com os padres loucos do meu tempo. De qualquer modo seguirei o moribundo, para ver até onde aguentará no seu caminhar inútil, em busca dos seus associados na fé.

Elogio à Loucura de Nietzsche					Evan do Carmo

A montanha

Em frente dos seus olhos turvos de poeira, Zaratustra vê surgir uma montanha que espeta o céu com a sua exuberância natural; pensa: —esse homem fraco não irá escalar essa montanha tão alta, só para procurar suas ovelhas ou seus cabritos magros. Nas reflexões do seu inconsciente, Zaratustra pensa que aquele profeta que segue adiante, pode ser a sua sombra no futuro, ele sabe que é muito parecido com ele, tem a mesma firmeza no pisar, não se atrasa olhando a paisagem da estrada, não para para se alimentar, nem tampouco, para cumprimentar os peregrinos que lhe acenam com sorrisos de falsidade; e se não o acompanhar até o cimo da montanha, nunca saberá se ele é ele de fato. É preciso arrumar forças para atingir o monte íngreme, por sete dias vagou atrás do santo para descobrir que o vulto que andava à sua frente era a sua sombra que se adiantara no tempo, para ser ele com a confirmação do eterno retorno do Super-homem. Depois de alcançar o seu arquétipo de liberdade, sua sombra, ele próprio no cimo do monte santo, por ser ele o único capaz de lá chegar; Zaratustra pensa em

Elogio à Loucura de Nietzsche   Evan do Carmo

acender o fogo para aquecer seus pés cansados da longa caminhada. Porém, com que instrumento ele faria um fogo em lugar tão gelado? Depois de comer o seu pão velho sem fermento, por isso ainda preservado, Zaratustra deita para estirar os membros encurvados pelo peso da imensa carga que carregara montanha acima. Não fora para dormir que deitara, mesmo assim, não conseguiu ficar de olhos abertos muito tempo. Sobre sua cabeça estava a lua cheia que ele apreciara antes de pegar no sono. Zaratustra dorme o sono da paz, de um viajante sedento e esfolado pelo pó da longa estrada.

No topo da montanha gelada, o ermitão das estrelas dorme; distante dali seu espírito vaga por sobre as nuvens, na inquietude dos filósofos; não encontra paz perene, nem em sonhos pode ter o sossego dos mortais. Logo viria o sol, o seu maior desafeto para lhe arrancar das garras de Morfeu. (Se bem que deveria ser mais provável que fosse à cama de *Dionísio, nos braços de *Ariadne).

Os raios do Rei dos astros lhe queimavam a face negra, quando ele incomodado abre os olhos e começa a e praguejar:

O que tu queres? Ó ser ocioso! Não tens nada mais proveitoso para realizar, do que vir acordar um sedento e cansado viajante? Não vês que estou a descansar do meu trabalho árduo,

Elogio à Loucura de Nietzsche   Evan do Carmo

do meu divagar, do meu caminhar incessante? E que não posso ser incomodado com assunto de pouca importância; como é a autoafirmação da tua suprema luz? Ou pensas que és assim tão importante, para usurpar meu direito ao ócio e a penumbra da minha infinita solidão? Não preciso de tua luz rareada, da tua arrogância real. Podes me deixar em paz, pelo menos por mais uns dez mil anos? Maldição! Será que não sou livre o bastante para escolher, se quero ou não ser aquecido por teu calor maligno?

Zaratustra relembra o tempo, quando acordara em sua caverna no meio da floresta, no dia em que teve um diálogo amistoso com o sol: —que seria de ti astro-rei senão tivésseis os mortais para iluminar? Em poucos segundos caiu a eterna noite, desejada por Zaratustra. O sol se retirara para outro espaço, não incomodaria mais o velho andarilho. Agora sobre o topo da montanha, cada vez mais sombria, o eremita polar podia explorar seu domínio legítimo. Sentia falta do fogo literal para esquentar suas mãos frias, onde ele encontraria lenha para acender tal ideia, que há tempo não experimentara? Como poderia encontrar madeira para seu projeto, e como daria luz a essa imagem tão imprópria para seu estado de isolamento social? Como produzir tal fenômeno? Com essa ideia na cabeça se afasta da sua cabana.

Elogio à Loucura de Nietzsche   Evan do Carmo

Havia feito um rancho improvisado com os apetrechos que trouxera da planície desértica. Tinha agora como prioridade, explorar o topo da montanha, depois que encontrasse madeira para fazer o fogo tão desejado. Zaratustra anda em volta de si, e por cima de si, diversas vezes dá volta em torno do ponto em que se encontrava seu singular e seguro habitat. Afasta-se um pouco, desta vez em linha reta, e, subitamente encontra algo assustador: Uma enorme arca, camuflada por tábuas de pedras. As paredes da arca, à primeira vista, pareceram-lhe um daqueles tesouros espirituais, relíquias das gerações antigas. Entretanto, ao se aproximar um pouco mais, dir-se-ia se tratar mais de uma embarcação gigantesca, capaz de conduzir toda humanidade para outro sistema existencial. Algo parecido com o fenômeno diluviano, mas não tinha aparência de um barco de fato, era apenas as sombras das ideias, que podia carregar um homem crente, coisa que Zaratustra não denunciava, nem em sonho ser, ou crer, em algum cataclismo, fosse este em forma de água ou de fogo; como alguns profetas do seu tempo anunciavam. Zaratustra inspeciona o enigmático achado. Quem teria perdido o tesouro? Ao se aproximar do intrigante símbolo, percebe que já ouvira falar muito sobre tal lenda, judaico-cristã e pensa: —É provável que eu

Elogio à Loucura de Nietzsche   Evan do Carmo

esteja louco, ou talvez embriagado, para conceber tamanha visão; isso não pode ser verdade, uma arca aqui no topo da mais alta montanha em que eu já experimentara subir sozinho. Que ópio foi esse que me conduziu para tão alto delirar? Minhas alucinações haviam cessado depois que afirmei para mim mesmo a consciência do eterno retorno. Diz Zaratustra de si para si - Nunca me atrasei em caminhos tortos para que seja agora perturbado por visões de coisas que não acreditei existir no passado, muito menos agora tão distante da realidade dos meus sonhos de vidas passadas. Não! Esta imagem pode ser algum tipo de fenômeno materializado por outros pensamentos que não são os meus. Deve ter mais alguém aqui comigo, sobre esta imensa montanha. Algum outro andarilho, ou profeta bêbedo se adiantou na minha frente e conseguiu aqui chegar primeiro; mas com que objetivo? Quem seria capaz de produzir outro ser capaz de aqui chegar, a não ser o eterno bailarino? Outro homem não subiria, a menos que fosse também discípulo de Dionísio.

    Zaratustra inquieta-se mais e mais, e não consegue se livrar da visão; pelo contrário, a imensa imagem cresce sobre os seus olhos incrédulos, e o que antes lhe parecia uma arca toma proporções de um gigantesco navio, agora tripulado e por todos

Elogio à Loucura de Nietzsche   Evan do Carmo

os lados pessoas em algazarra, em ritmo de festa triunfal, como se tivessem saído de uma epopeia espacial, ou vencido algum combate titânico, sobre as bençõpes dos deuses do Olimpo; coisa de grego, como se fosse uma das vitórias homéricas. Zaratustra como passivo observador, não pode interferir no desenrolar da viagem que se tornou a sua exploração do topo da montanha gelada. A cena persiste em lhe assustar, entretanto não se altera; e ele não sabe mais para onde irá a tripulação de marujos débeis-lunáticos. Resolve acenar para o capitão do navio flutuante, um velho que dava as ordens aos que lhe obedeciam sem vacilação. Entre os comandados imediatos estava o seu filho varão, que encabeçava os comandados, cegamente obedientes. O velho marujo-comandante, como um pastor resignado, que conduz suas ovelhas para um imenso matadouro, grita para seus associados: Vejam! Minhas Caras ovelhas. Lá está um homem! Desçam e peguem-no! Quem sabe é mais uma das ovelhas perdidas. Deem a ele água e comida, e um novo abrigo! Com isso Zaratustra dá um grito dos mais enlouquecidos e desesperados, que foi ouvido em todas as galáxias jamais imaginadas por um filósofo ou cientista do futuro. Depois que acorda e que cessa o eco do seu

Elogio à Loucura de Nietzsche   Evan do Carmo

mais insano grito, não vê mais nada em sua frente, nem em sua volta.

    Zaratustra depois desse sonho, ou desse enigmático susto, resolve voltar para procurar sua caverna, quem sabe encontrará o burro, seu fiel companheiro de jornada terrestre. Pretende viajar para outro lugar menos insólito; —chega de solidão! Pensa o mais completo dos homens que nunca antes sentira falta de alguém ou de alguma coisa. —Irei agora explorar a planície, andarei por um tempo sobre a terra firme, evitarei os tropeços das alturas diz Zaratustra para o silêncio que reinava sobre o abismo em que caíra depois do grito ensurdecedor. Não tem tanta pressa para desvendar verdades novas, basta as que suportou até agora, a golpes de foices cegas da sua eterna e voraz especulação. E quantas verdades ele suportaria antes de enlouquecer outra vez? Qual a profundidade de uma alma errante como a sua? Resposta que jamais será respondida por nenhum filósofo que busca incessantemente compreender o mundo para onde veio respirar, para viver atormentado por questões sem respostas científicas e muito menos teológicas. E Zaratustra o mais antigo de todos os pensadores do universo, já entrara em becos escuros, em desertos gelados; todavia, não obteve resposta definida para alguma

Elogio à Loucura de Nietzsche   Evan do Carmo

pergunta. E até que ponto interessaria encontrar resposta, para um ser livre de todas as formas de prisão psicológicas como é o nosso velho Zaratustra? Tinha ele apenas uma certeza, e sobre isso se regalava, flutuava em cima de sua presunção: —eu não vou perder tempo em projetos insalubres; como compreender o homem antigo, aquele primata que deu origem às formas superiores de vida hoje existentes. A mim, basta saber de uma coisa:

O Meu magnífico projeto, a confirmação do Super-Homem levei a termo.

Elogio à Loucura de Nietzsche   Evan do Carmo

Segunda queda

Zaratustra despenca do alto de sua montanha assombrada, e fria, caíra sobre as nuvens que circundavam a sua recente morada. E sobre a alucinação da queda, percebe que agora entra em um campo magnético, denso, com aspecto de gravidade; estaria entrando na atmosfera terrestre? A queda dura mais que uma eternidade, não há como mensurar o tempo, e, enquanto desce ou sobe não se sabe bem como definir uma queda, se para baixo ou para cima. Como no exemplo dos anjos caídos, como caíram? De onde caíram?

    Zaratustra faz uma analogia celestial com a sua indecifrável queda espacial, ou mudança de posição, de ponto de vista. Estaria de fato indo para frente ou para trás? E sobre o efeito alucinógeno do vácuo, sobre o qual se desloca entre as densas nuvens de gases perfumados; o mago do deserto sente um vacilar humano, um mórbido temor lhe sobressalta a consciência, e pensa: —que sensação ímpar é essa, que me veio à mente agora. E que surto novo é esse que vem me enlear? Nunca experimentei

Elogio à Loucura de Nietzsche   Evan do Carmo

tal fenômeno, inerente aos homens. Ouvi falar de tal sentido; deve ser o medo que os fracos diziam sentir à beira da morte. No entanto, eu nunca passei por tal caminho escabroso. Já vivi em vários cantos, conheci outros sentidos, mas este é novo, não me assusta, porém me incomoda; não tenho ainda o domínio desse novo e imprevisto dom, o dom de vencer o medo da morte. Sempre achei que fosse maior que tudo isso que aflige os mortais. Só que não quero me preocupar com isso, fecharei os meus olhos videntes para não me atrasar com a visão tola que deve ser observar os mortos no seu sono profundo. Como se não bastasse dormir enquanto vivos esses seres estranhos continuam a dormir depois de mortos. Deixarei que os mortos deem atenção aos seus mortos; que os pregadores da morte concluam seu pacto com os deuses que nada valem e que os —filisteus da consciência assustem os fracos, porque eu irei à procura dos vivos, dos homens aos quais, acredito ter dado o fôlego de vida, uma parte do espírito do Super-homem, a alma de um majestoso dançarino espiritual. E, enquanto a eternidade passa; Zaratustra não se cansa de procurar em seus arquivos mentais, as imagens da nova geração de seres vivos que acredita ter dado à luz. Relembra algumas das passagens da gênesis do seu esplêndido projeto; o

Elogio à Loucura de Nietzsche   Evan do Carmo

homem de aço que criara com o barro primata, e se vê acordando aquele que fora seu maior delírio em todas as suas existências, enquanto vagara pelo espaço existencial. Prometera para si mesmo que não voltaria atrás, na sua incansável pesquisa, para encontrar o ponto onde deixara de fazer valer o seu presunçoso projeto, o escopo de homem superior. Lembrava aos sobejos que vivera em um tempo em que desenhara e colocara em prática sua astúcia criadora. Convencera a minoria dos que lhe escutara, sobre a diferença básica que havia entre o homem e o além do homem. Falava de um abismo existente entre o ser, e o não ser do homem. Ideia essa, incansavelmente discutida entre os mais sábios de todos os tempos. Nunca se conseguirá compreender, o que quis dizer o astuto psicólogo, nem mesmo o mais renomado de todos os doutores freudianos arriscara um entendimento sobre tal enigma, e os que se atreveram, falharam na sua bestial comparação, de achar que se tratava de um Super-homem no sentido étnico, ou que ele queria dizer que os fracos devessem ser varridos da superfície da terra. Não chegaram nem perto de encontrar o mistério que ele como um mágico das estrelas camuflara em tão tortuoso labirinto emocional. E com essa inquietação em mente, o velho argonauta descia no mais

Elogio à Loucura de Nietzsche   Evan do Carmo

tenebroso vazio do seu existir espiritual. Como se despencasse de uma cascata de altura imensurável; desconhecia os perigos da viagem, e como um jovem inconsequente fecha os olhos e espera a colisão com algum rochedo indestrutível.

Elogio à Loucura de NietzscheEvan do Carmo

"De volta ao chão"

De volta ao chão, a queda fora suave e o herécto sacerdote encontra terra firme. Enfim, poderá andar como um *Tetrápode. Não sabia mais que tipo de corpo possuía, apenas queria explorar seu novo domínio, e para isso não lhe faltava energia vital. Atravessaria rios, lagos e pântanos, o que fosse necessário para encontrar algum ponto de luz que lhe indicasse uma pista na sua eterna busca pelo seu maior tesouro: o Übermensch. Entretanto o velho viajante não encontra água em seu caminho, nem refrigério no seu caminhar.

Depois de vencer alguns percalços, algumas barreiras deslizantes; depara-se com um imenso deserto, e sobre uma densa nuvem de poeira cósmica avança com um nó na garganta; a sede eterna e voraz que nunca saciara. Agora o mais mago dos profetas, sentia falta dos seus animais terrestres. Quem dera lhe encontrasse

Elogio à Loucura de Nietzsche　　　　　　Evan do Carmo

pelo menos a águia para lhe trazer no bico algum pedaço de pão velho. Afinal, quem poderia se lembrar de um animal rastejante? Por ventura algum deus das alturas desceria para acompanhar a trajetória dos vermes do deserto? Por séculos a fio, ou por milênios sombrios; vagou perdido o alucinado explorador dos mares secos. Agora em sua frente, um gigantesco réptil solitário se alimenta das migalhas dos seus recentes vizinhos, as árvores que ensaiavam o seu fugaz existir.

　　Zaratustra encontrou o primeiro ser vivo em seu confuso caminhar na terra dos mortos. Uma espécie de vida disforme, de tamanho incompreensível, um gigante de carne, que se locomovia a passos lentos; um tanto diferente das formas de vida que estava acostumado a encontrar em seus caminhos diversos, por onde rastejara sobre as quatro patas, que desenvolvera em séculos de persistência para ver do outro lado do horizonte, o que havia depois da miragem de um oceano imaginário. Zaratustra não consegue um diálogo, e nenhuma forma de comunicação com seu mais antigo ancestral; um lagarto monstruoso na semelhança do tetrápode que lhe emprestara o escopo de ser rastejante para que ele explorasse o deserto causticante logo após sua incomparável queda. O cauteloso andarilho passa despercebido por baixo do

Elogio à Loucura de Nietzsche — Evan do Carmo

estranho habitante da nova terra, que tinha agora sobre sua clara visão. Todavia, nem podia ser notado, levando em conta sua insignificante estatura física. Apenas um cérebro em desenvolvimento, frente a um gigante de milhares de séculos de evolução neurocerebral. Uma criatura que já conseguia se alimentar com suas próprias mãos. Em contrapartida, o Zaratustra, no estado em que se encontrava, não podia sequer pensar em atingir tal estado de liberdade existencial; comer a sua ração, sem que alguém lhe servisse de mãos e de pés e de boca.

Só possuía um miolo mole o qual chamara de encéfalo. Logo um pouco à frente, encontra um ser, à primeira vista, estranho e superior a si próprio; pela astúcia que apresentava ao lhe encarar. Olhou-lhe por cima da sua realeza, fitou-lhe nos olhos e lhe disparou seu veneno no riso de desdém, depois de caçoar da sua pequenez, partiu deixando um silvo ensurdecedor e um rastro de silêncio. Sua velocidade lhe surpreende, pelo modo como se desloca por cima da superfície ondulada. Zaratustra, um tanto confuso faz uma reflexão: quem será este vulto entranho? Parece um demônio, de onde surgiu criatura tão superior a todas as outras que conheci? Quem reproduziu tão majestosa e singular visão? Deve ser o rei dos animais rastejantes.

Elogio à Loucura de Nietzsche   Evan do Carmo

Zaratustra na sua forma atrasada de vida tenta acompanhar sua nova descoberta, suas pernas em desenvolvimento se cansam, e em pouco tempo; não enxerga mais, a mais linda criatura que vislumbrara em condição tão lastimável. Outra vez, sente-se só, e só continua seu caminho em busca de si mesmo, ou de algum ser igual a si não compreendera que fora a sábia serpente que conhecerá no futuro longínquo, a sua fiel cúmplice, no ardiloso argumento para atrair o homem para o abismo da consciência de si próprio e da sua pseudo racionalidade.

Elogio à Loucura de Nietzsche					Evan do Carmo

Reflexão de réptil

A ideia de um ser superior, apenas pela velocidade de se locomover, não seria assim tão coerente, havia algo mais relevante para se chegar a uma definição de valores entre as espécies. Entretanto, o fato de a serpente ter passado por ele de forma tão veloz, confundira seu juízo sobre a psicologia da evolução dos seres vivos. Portanto, pensava consigo: —é necessário que se movimente rápido, é possível que tenha alguma relevância andar tão rápido por cima do pó da estrada, onde no futuro passarão outros seres um tanto mais lentos; e no que tange ao prazer de viver um dia por vez, tem uma sabedoria implícita: pois não se lamenta antecipadamente a possibilidade de não acertar o alvo no amanhã. Eu prefiro continuar rastejando sobre o pó fétido, por cima das fezes dos seres apressados que não têm tempo para uma reflexão sobre seu caminhar. Nem olham onde põem os seus pés calejados de insatisfação, de ir e vir pela mesma

Elogio à Loucura de Nietzsche   Evan do Carmo

estrada escura. A cabeça, não sabem se usam para andar ou para se deitar por cima, para encobrir os rastros profundos que deixaram nas curvas do seu existir; e, diante de tanta inquietação mental e enfadamento físico, procuram sossego em campos hostis onde não conseguem construir um abrigo seguro contra o temporal das dúvidas, que lhes sobrevêm a cada pôr-do-sol.

Zaratustra já vivenciara outras experiências. Sobre como andar a passos longos, como voar sem sair de terra firme. Já tivera companhias em outro tempo, em outro espaço onde servira de guia cego para seguidores videntes; no entanto, suas lembranças eram confusas, como sonhos distraídos, resquícios de um mundo que se dissolvera, desintegrara sem deixar pista certa, para se achar o zênite de uma civilização remota no centro do universo criativo, de algum ser superior, de um Deus atemporal capaz de criar e destruir sem causar alarde, nem deixar rastros para que se possa compreender suas façanhas. O número e o tamanho de suas pegadas. Zaratustra, enquanto a consciência rasteja por vias planas, concebe um desejo de subir em um perigoso penhasco, que se avizinha em sua mente. É hora de olhar em outra direção, vislumbrar um estado de suprema realeza, no seio de uma geração de cobras e lagartos. Persiste em alcançar outro nível de visão,

Elogio à Loucura de Nietzsche

Evan do Carmo

sem sair do campo de ação, do mundo que lhe parece real, físico, literal, num tempo em que pensa compreender, pelo menos a natureza das coisas que observa. Depois de alguns ciclos lunares, consegue acampar em uma majestosa sombra, debaixo de uma árvore que lhe oferece abrigo contra o temporal de cinza que lhe turvava os olhos. Então terá um descanso desejado, se refrescará para no dia seguinte, atravessar um mar de lama, ainda em processo de petrificação, e se demorar mais de uma noite, se se distrair em sonhos ou em pesadelos imorais, não alcançará o dia claro, a aurora do outro lado do imenso pântano que lhe destruirá em alguns segundos de vacilação mental. Agora, debaixo da grande alma, a árvore da vida que respira com força descomunal, a insignificante criatura toma forma de um abutre, não mais rastejará, voará nas alturas, e pousará em montes secos, para se alimentar da carne podre dos vermes fracos que sucumbiram ao sol causticante que assolará as vidas que habitam abaixo da atmosfera fria dos seres robustos, capazes de atingir alturas de liberdade espacial. E nessa altura inimaginável por um ser vivo de sangue nas veias, exceto por nosso herói das sombras, das coisas imprevistas por qualquer ser mitológico, o mais alto dos magos desvendará segredos milenares por onde cresceu as formas vivas

Elogio à Loucura de Nietzsche   Evan do Carmo

e os seres mortos que esperam sua vez para se levantar, para sair do anonimato criacionista. Varrer todos os vestígios das covas de deuses de Pau e pedra, os resquícios da embriaguez: de *. AHURA-MAZDA a *ZEUS, e de toda ilusão existencial. Zaratustra viverá egresso de soberba Nietzschiana, e dominará todas as formas de lucidez Dionisíaca, para esclarecer o ponto de partida e de chegada para uma geração —ariana, que sobreviverá ao apocalíptico cataclismo psicológico, o pico de dois gumes da compreensão da mente humana. A distância não será alcançada, nem percorrida por qualquer tolo que se arrisca numa jornada sem calcular os custos da viagem. Se tiver medo de altura não embarque nessa nau assombrada. Quem guiará este barco incomparável de dimensão imensurável será um indestrutível argonauta, sob a liderança de
* —Jasão que levará apenas os corajosos para apanhar o velo de ouro, para possuir a força e as asas do cordeiro alado, para dominar um reino de vida e sabedoria infindável. E nessa insólita exploração de mares virgens, de profundidade desproporcional, onde os perigos serão indescritíveis, voando por correntes de ar quente, o pássaro negro, com uma visão aguçada, no limiar da lucidez animal, e da ignorância humana, se regozija pela nova

Elogio à Loucura de Nietzsche   Evan do Carmo

sensação existencial que alcança pelo método da observação e pela meticulosa disciplina na arte de armazenar e reciclar os dons aprendidos e desenvolvidos, durante miríades de ciclos lunares. Olhando para baixo, a visão é sombria, pouco dá para compreender, ou para enxergar como se movimentam os seres sem forma física definida, sobre o pântano endurecido que em breve se transformará em deserto úmido, poucos suportarão o crisol evolutivo. Alguns perderão seus membros, outros as suas vistas, alguns retornarão ao pó, não terão forças nem ganharão asas de águia para alcançar o negro viajante das estrelas.

    Um pássaro, um ser de passos velozes, capaz de alcançar outro espaço, outra compreensão; suas asas de aço suportarão por longo tempo a acidez e os raios que atingirão seu campo magnético, antes que adquira forças necessárias para migrar para outro estado de consciência. Zaratustra se compreende como um vulto, como uma sombra que se desloca à velocidade incompreensível. As formas lhes sobrevêm de todas as direções inimagináveis e ele pode entrar e sair de todas elas, para ver suas origens, compreender as causas e analisar os efeitos. É tempo de explorar pela primeira vez o espaço, e ele assumira esse corpo mais leve para filtrar do alto sua percepção dos mundos

Elogio à Loucura de Nietzsche   Evan do Carmo

subterrâneos, e ao passo que pairava no denso ar produzido por todas as formas de vidas que habitam abaixo de si; ele o psicólogo do universo, sofre a dor da solidão espacial. E ao mesmo tempo, questiona o porquê daqueles seres atrasados não lutarem para ganhar asas para saírem do seu estado deplorável, rastejante de vida.

Lá embaixo, observa todo tipo de vida disforme. Corpos em desenvolvimento, mas nenhum deles se define. Aos seus olhos, são como fantasmas de gás, formas fugazes, como imagens de fumaça.

O argucioso planador dos ventos planeja descer mais uma vez ao solo firme, para absorver energias, para depois alçar voos mais altos do que é capaz de alcançar com asas e espírito de abutre. No entanto, a sua visão não está muita clara quanto ao ponto em que pousará. Os montes não lhe parecem seguros, as ilhas oferecem os perigos do grande mar. Aproxima-se de um pico ligeiramente sólido, para uma aterrissagem segura. E num súbito e confuso cochilo, se choca em uma rocha inflexível, e é jogado outra vez ao chão. Outra vez sem asas, e com as pernas machucadas, o aventureiro milenar se arrasta em busca de um abrigo, para se recuperar da mais dolorosa queda. Seus ferimentos são profundos, não sabe se voltará a andar com suas antigas e recentes pernas, pernas que não fizera uso no espaço onde vivera por muito tempo como abutre. No alto, não tinha consciência de que possuía pernas, só via as suas enormes asas de —águia. Agora, acampado embaixo de uma mirrada árvore; descansa da jornada inútil em que se empenhara ociosamente no espaço vazio. Almejava tanto sair do chão, tinha a expectativa certa de que encontraria lá em cima todas as respostas para sua inquietação evolutivo-filosófica.

Zaratustra dormirá por alguns dias ou anos, para se levantar outra vez para tomar outra estrada menos confusa, é isso que ele espera depois de acordar de mais um pesadelo existencial.

Elogio à Loucura de Nietzsche Evan do Carmo

Segunda parte

Um forte sussurro nos ouvidos do magro e exausto andarilho, faze-o acordar. Dessa vez mais assustado que das outras vezes que acordara dos seus sonhos, ou das suas alucinações passageiras, o cenário que lhe cerca, é singular; Zaratustra se vê submerso em um grande oceano, sobre uma ilha magnífica de paisagem paradisíaca. Não sente mais dores, suas pernas estão agora firmes e curadas, não há ao seu lado nenhum perigo físico à vista, tudo lhe parece fantasticamente planejado para seu deleite; pensa consigo: —Que lugar esplêndido, que sonho encantado é esse? Parece que dessa vez encontrei um lugar inabitável, enfim poderei usufruir a mesa dos deuses, comerei e beberei o mais seleto vinho do sossego, terei a minha parte, minha herança, a porção dos incrédulos. Eu que nunca esperei experimentar tais delicias comuns aos homens seguidores de religião! Porém, com a fome que consegui acumular até aqui, não posso me dar ao luxo de escolher em qual mesa devo me alimentar.

Elogio à Loucura de Nietzsche

Evan do Carmo

Zaratustra não sabe por onde começar, sua fome é voraz. Então, se lança com gana de felino, para devorar um cabrito assado, que lhe torturava as narinas, é surpreendido por uma voz trovejante que lhe diz: —Não toque na oferenda aos deuses pagãos que não adoraste; não tens o direito de comer do pão forjado do trigo e do joio que não plantastes. Se queres saciar a tua fome, come o teu próprio repasto, os sacrifícios dos que te adoraram; que te acompanharam sem olhar para traz, durante tua viagem pelo mundo dos sábios embriagados de vaidade, por conhecerem os enigmas dos deuses velhos. —Olha à tua esquerda e veraz a enorme oferta dos cegos que te seguiram depois da tua morte. Zaratustra não compreende aquele alvitre que mais lhe pareceu uma ordem irrecusável; levando em conta a firmeza da voz que lhe exortava com a força de um ser superior; de alguém todo-poderoso. E para quem não se alimentava por séculos, como se refrearia de prosseguir em direção ao lauto banquete imaginário que lhe atraia com magnetismo e magia incomparável? Aquela —voz lhe parecia familiar, como um relincho de um amigo antigo, que possuíra o dom de lhe irritar com a sua fala de besta. Era sim! Não havia dúvida, era o burro débil que lhe carregara sobre os lombos macios da eterna ignorância, nas horas de

Elogio à Loucura de Nietzsche   Evan do Carmo

cansaço do seu escalar montanhas, em que ensinara sua doutrina máster, a profecia infalível sobre o Super-homem. Zaratustra sem forças para especular sobre a origem do banquete sob suas vistas famintas, obedece ao seu tutor do mundo das ilusões celestiais, e come como um camelo come sal, depois de atravessar um longo deserto. As iguarias não lhe agradam o paladar divino, são amargas as delicias visuais, não têm o gosto esperado das oferendas celestiais, e ao passo que comia sem sentir nenhum prazer; seu ventre crescia de forma descomunal.

Zaratustra passaria por outra metamorfose espiritual, sairia outra vez para outro campo espacial. Não fora maná que comera, todavia, ganhara as forças de todos os olimpianos, teria outro mundo para desvendar, e outros mistérios psíquicomitológicos. O abutre machucado assumira forma corpórea de águia real; e com o ego saciado, e com a vaidade transbordando por todos os seus poros de ave soberana, projeta ir à busca das mais remotas doutrinas, para compreender, porque chegou tão baixo para encontrar sua criação nas estrelas. E porque tamanha demora para entender o óbvio: que todos os seres que respiram rebeldia não chegarão a nenhum ponto de compreensão final. E que a natureza

Elogio à Loucura de Nietzsche

Evan do Carmo

das coisas vivas são todas dependentes umas das outras, como células de um único sistema universal. E que é inútil buscar resposta para aquilo que não foi planejado, e que não teve um escopo imaginário antes de vir à luz da existência. Todas gênesis criativas, todo fenômeno tem um observador, seja ele criador ou alquimista. Sendo ele idealizador de um projeto, de um ser supremo, maior que ele mesmo, tinha apesar da dúvida, a certeza que encontraria seu eterno retorno, a imagem final de sua explosiva criação, o —homem bomba, o Super-Homem.

Zaratustra tinha as asas, um estômago empanturrado, e os olhos grandes como olhos de homem-louco. Todavia, faltava-lhe um mapa, uma direção para seguir; não iria outra vez alçar voo simplesmente por ter os meios físicos necessários para tal projeto, seria contraproducente tomar outra vez a estrada sem conhecer um fim posterior, o resultado de sua pesquisa existencial. Habitaria agora entre os seres aquáticos, e de sua ilha paradisíaca observaria melhor as coisas ao seu redor. A visão é esplêndida, nunca vislumbrara espaço físico tão aprazível, exceto quando morava nas entranhas das florestas virgens, onde idealizara seu projeto Dionisíaco, aquele que salvaria os homens de sua lastimável condição animal. Cercado por todos os lados, por tipos diversos,

Elogio à Loucura de Nietzsche					Evan do Carmo

por seres lindos, aves e peixes de beleza sem igual; o antes solitário viajante pode enfim entabular uma conversa com os seus novos vizinhos de jornada existencial-evolutiva.

Desce alguns passos, rumo ao mar cristalino, para familiarizar-se com a paisagem do seu novo território, e como um ser residente do topo da cadeia alimentar, não correria risco em nenhuma aproximação com os habitantes desse indescritível paraíso lunar. Suas vistas descansam sobre a calma do mar azul, o tempo parece não ter nenhuma importância para seu espírito, agora calmo e contemplativo. Seus passos são viris, agora em terra firme; não há nenhum vacilar quanto ao rumo que tomará para explorar sua nova morada. E no que respeita aos animais, não teme a nenhum ser menor ou maior que ele.

Zaratustra alçará voo outra vez; agora menos desprovido, ainda sem os meios necessários para seu empenho: navegará por sobre os mares que antes lhe assombravam, suas asas bem definidas lhes proporcionarão o equilíbrio que precisará para explorar outro oxigênio, um ar que até agora não respirara. De posse de um escopo bem projetado, com uma visão tetradimensional, não será impossível chegar à caverna do *Homo habilis*. A bordo do seu transporte bem abastecido, Zaratustra

Elogio à Loucura de Nietzsche　　　　　　Evan do Carmo

ainda reluta quanto ao sucesso da sua nova jornada. —Irei me arriscar por sobre este mar, não será melhor ficar por um tempo nessa praia, vivendo de caçar peixes mortos neste mar farto? E no que concerne ao meu ofício de pescador, sou o mais desastroso possível, nunca pesco em mares tão grandes como este. Estou habituado a pescar com rede de arrasto, porém, em lagos sujos, onde as vidas não desenvolveram ainda o apetite natural, a voracidade dos cães; e o maior peixe que já consegui arrastar até agora, não daria para alimentar os cinco mil homens, que não terei cabresto, nem cordas, discursos para embriagá-los, para serem meus eternos seguidores. Entre viver cercado por traidores famintos, e por hipócritas inimigos, eu ainda preferirei as alturas das águias ociosas.

　　　Zaratustra, não perderá muito tempo no labirinto das escolhas. Sempre entrou no escuro sem portar a lanterna da dúvida. Partirá para buscar nas nuvens a visão que tanto almejou encontrar. Suas asas pesam, pois não fizera ainda uso correto, sempre intencionara ter asas de águia, mas não sabia que seria tão incômodo carregá-las nas alturas geladas, que sabia iria enfrentar. Uma vez que alçar voo, não poderá mais voltar à terra dos peixes

Elogio à Loucura de Nietzsche   Evan do Carmo

mortos, dos vermes gordos, das larvas de vidas futuras. Depois de tantas conjecturas o incansável andarilho diz para si:

— Sentirei saudade desse mar azul, desse ar fresco, da maresia embriagadora, e da chuva de verão. Do sol brilhante que congela o peito de um animal de pele fina. Todavia, tenho que partir, ninguém sentirá a falta de quem nunca esteve presente em parte alguma, como eu sempre vivi. Em todos os cantos em que habitei, sempre ignorei a vizinhança. Nunca me envolvi com os seres surdos, que me falavam coisas sem pronunciar nenhum som. A minha sabedoria tem me causado grandes amarguras; não consegui o respeito dos outros animais. Alguns fogem de mim como se leproso eu fosse. Reconheço que não sou assim tão acessível, entretanto, posso ser amigável, sobretudo quando preciso expor minha superioridade, a minha força brutal, e a minha visão —paranormal.

Algumas vezes percebo que os meus pares, as outras águias, fingem que não me conhecem ao passar por mim. Não sei se é porque voam abaixo da linha do tempo, onde descanso na corrente de ar gelado, enquanto eles não conseguem chegar tão alto por medo de serem petrificados pelo frio da vaidade. Já me acostumei à indiferença dos meus inimigos; falta-me perceber e

Elogio à Loucura de Nietzsche   Evan do Carmo

decifrar a inferência dos meus amigos a meu respeito. Em algum lugar deve existir um ser, uma metade de um ser similar a mim. Acredito que a criação involuntariamente tem produzido em outro espaço atemporal, a minha gêmea-alma, minha alma-metade. Em todo universo imaginário reside a cópia de uma realidade-literal. Percebo-me em dois mundos distintos, sou capaz de perceber as ondas magnéticas do futuro, e vejo claramente as sombras do passado. Sou, de fato, um viandante de sete dimensões.

    Caiu a noite sobre a praia deserta, onde vagava nas sombras do inconsciente o espírito do arguto pensador. Zaratustra sentiu um frio celestial, e abrindo mais, os seus poderosos olhos, viu que o mar azul já não era mais, e que uma imensa onda avançava em sua direção. O mar agora negro se agita como quem estivesse às vésperas de dá à luz, parir um filho varão. Depois de um estrondo de trovão, observa por cima da água, agora calma e ainda escura, um enorme peixe vomitar uma singular criatura de aspecto indesejável, semelhante a um filho de homem. Todavia, não pronuncia nenhum som peculiar aos seres do seu mundo. Zaratustra se aproxima da aparição bizarra dos mares, incomum num mundo em que ele respirava, no reino das águias, e vai ao encontro de descobrir o que significa tal fenômeno do grande mar.

Elogio à Loucura de Nietzsche   Evan do Carmo

Antes pensa na altura da sua loucura consciente: —É este mais um projeto fracassado da natureza, alguma abordagem de um escopo final para se copiar meu Super-homem em larga escala? Com efeito, será derrotado na competição final. —Não pode haver produção industrial do meu projeto, cada um será cada um, único com a potencialidade, porém, não será oriundo um do outro, sairá de mim a cada mil anos um exemplar raro e inimitável.

    O ser estranho se arrasta com dificuldade sobre a areia fria, seus passos mesquinhos não lhe tiram do ponto em que foi vomitado pelo grande peixe. E quando percebe que tem companhia se agita para fugir do alcance do sábio das estrelas. Porém são inúteis seus movimentos, ao mesmo tempo em que reproduzia um som indecifrável, como que roncos simiescos, batia no tórax para tentar espantar o grande pássaro que vinha em sua direção com pose majestosa.

    Fará Zaratustra seu primeiro contato no submundo em que vivera por milênio sem companhia?

    —De onde veio amigo dos mares, quem te trouxe até aqui? A que universo criativo pertences? Fala Zaratustra para o seu passivo interlocutor. Não falas a língua mãe, dos seres vivos dessa terra?

Elogio à Loucura de Nietzsche   Evan do Carmo

Insiste o pescador dos sete mares, para fazer contato, para confirmar que não estava mais sozinho, em tão deserto espaço de tempo. —Já que não compreendes a minha língua, faremos o seguinte, diz o persistente instrutor. A cada fala minha você balança a cabeça para eu saber se me compreendes de fato. E ao mesmo tempo em que eu falar, também reproduzirei os gestos que você terá que reproduzir. É um projeto de difícil execução, todavia, que temos a perder? O tempo é o que menos importa, temos todo o tempo que preciso for para tal empenho. —Haveremos de firmar alguma pedra para construir um eterno labirinto, para edificar a base para alguma comunicação necessária, para os animais do futuro.

A criatura animalesca não consegue superar os roncos indecifráveis, apenas persegue com as suas mímicas, batendo na caixa torácica e se agitando mais e mais a cada apelação do pássaro das alturas. Zaratustra fica rouco também, e perde as forças para continuar com os movimentos inúteis que combinara fazer sem sucesso. Mesmo não havendo afinação gramatical, pelo menos, ambos aprenderam os movimentos físicos um do outro, seria um bom começo para seres de tão distintos universos. E

Elogio à Loucura de Nietzsche   Evan do Carmo

nessa infinita confusão babilônica, a noite vai com mais um mistério do inconsciente da ave sonhadora. Ao surgir os primeiros raios de sol, Zaratustra se percebe em outro espaço imaginário, e a sua companhia, o ser estranho de aspecto sombrio, não está mais ao seu lado; agora vê claramente as formas do seu novo companheiro para outro dia de viagem no submundo criativo. O ser que agora via e falava sua língua, tinha uma aparência um tanto natural aos seus olhos de explorador de muitos mares. Tinha olhos grandes de homem louco, a pele escura, e uma imensa cabeleira e braços longos, cabeludos, e se posicionava de pé, falava em tom agudo; elevara-se à afinação e à frequência da audição de águia. Seus roncos noturnos se transformaram em voz suave, sobre o efeito do dissimulado sol, que invadira mais uma vez seu habitat. E sobre a materialização, aos seus olhos de semelhante, Zaratustra acorda assustado outra vez.

Elogio à Loucura de Nietzsche							Evan do Carmo

De volta ao chão.

Ao mundo dos homens, o ermitão levanta do seu sono eterno, o sol mais uma vez está lá no firmamento, aquecendo a terra onde todos os seres vivos bailam à luz de um belo e enigmático dia. Aos seus pés, Zaratustra tem à sua disposição, sobre seu comando treze discípulos que o obedecem cegamente. E nessa manhã esperam por suas orientações, para mais um dia de disseminação da doutrina salvadora para todos os homens. Depois de se levantar e comer seu pão, o magro profeta das sombras toma seu lugar no centro da assembleia e fala para todos os seus passivos ouvintes: Amigos meus, fiéis seguidores do Super-homem, está chegando o grande dia, dia em que não tereis mais a mim no vosso meio; portanto pergunto-vos: - quem de vós será capaz de assumir meu lugar, para continuar levando a minha doutrina incomum para os séculos vindouros? Quem de vós terá minhas forças para indicar com pulso forte o caminho para o Super-Homem? Todos abaixam

Elogio à Loucura de Nietzsche   Evan do Carmo

a cabeça e mudos ficam. Ao lado a serpente cautelosa pede um aparte e diz:

—Grande mestre, serei por ventura eu quem levará tua infalível doutrina ao reino animal? Ou será que tu não tens a perspicácia necessária, para ver que os teus discípulos são um bando de covardes, que fingem apenas obedecer às tuas santas e indiscutíveis ordens?

Com esta sentença final a serpente desperta no supremo instrutor um sentimento de fadiga, e de decepção a respeito dos seus seguidores mudos, e diz de modo imperativo:

—Vão! Levantem-se e vaguem por mil anos, pelo deserto da ignorância e da covardia, longe da minha sabedoria, e do abrigo da minha celestial caverna. Ficarei apenas com os meus sábios animais...

Zaratustra constrange-se no âmago d'alma, com a situação dos seus improdutivos discípulos, e resolve partir para bem longe de todos os seus conhecidos, sobretudo dos falsos seguidores, daqueles que pensara, por muito tempo ter edificado, e ensinado a sua falível doutrina. Era assim que pensava com respeito à eficácia do seu trabalho árduo. Então partirá com seus animais

Elogio à Loucura de Nietzsche				Evan do Carmo

para um longo exílio. —Pergunta para sua leal companheira na astúcia, a incrível criatura dos mundos subterrâneos.

—Diga-me, magnífica senhora dos meus segredos: devo eu partir por um tempo, ficar longe do conforto da minha instransponível fortaleza?

—Sendo eu, forte como acredito que tu sejas eterno mestre, não estaria perguntando a um ser insignificante como uma víbora, o que devia ou não fazer. Todavia, darei o meu parecer sobre esse assunto de importância universal. Embora saiba que sofrerei as consequências da tua infinita tirania, como supremo juiz de todas as causas no reino dos animais. Se achas mesmo que teu trabalho por todo este tempo foi em vão, contraproducente, no que diz respeito aos teus falsos discípulos, então deves ir, vai buscar em outras terras, entre os estrangeiros, pessoas das nações para te seguirem, quem sabe eles terão mais zelo, concernente à tua revelação sobre a vinda do Super-Homem.

Depois de falar verdades indiscutíveis e inescusáveis, a serpente se enrosca nas pernas do amigo burro, e ambos fogem em disparada, com medo da reação violenta de um deus zangado. Zaratustra fica só, sentado debaixo da sua figueira, refletindo sobre o inesperado episódio. E depois de muito divagar, de

Elogio à Loucura de Nietzsche Evan do Carmo

procurar o ponto onde teria falhado com seus pequeninos discípulos, resolve:

—Vou pôr um fim nesse meu ofício de profeta do medo, pois vejo que foi só isso que produzi com a minha arrogância, até os brutos fogem de mim, não consegui o respeito daqueles que durante tanto tempo me serviram.

Zaratustra levanta resoluto, ajunta seus escritos sagrados, e toca fogo em sua caverna milenar. E equipado para uma nova obra, toma a estrada rumo oriente. Leva nas costas apenas um alforje de necessidades básicas, se alimentará da sua solidão de andarilho, não sentirá sede nem fome, nem saudades de vidas passadas - guardará consigo o segredo sagrado do seu discurso espiritual. Encontrará na terra santa um monte capaz de reproduzir as verdades que precisa trazer à luz. Não seguirá o alvitre da inimiga da verdade única, a serpente presunçosa, e traiçoeira.

Depois de descer uma montanha à beira de um grande mar vermelho, Zaratustra encontra uma mulher sentada em cima de um monte de pedra, que batia em si e rasgava suas vestes por desprezo, e reclamava a presença dos deuses para trazer seu patrono de volta ao mundo dos vivos, para lhe proteger dos perigos dos salteadores das estradas estrangeiras. Chorava a morte do seu pai, que morrera de uma picada de víbora, enquanto pastoreava um rebanho de gordas ovelhas. Zaratustra apieda-se da órfã solitária e lhe oferece ajuda:

– Posso ajudá-la, se concordar comigo, permitindo-me atuar como pastor das ovelhas do seu pai. Te darei em troca o meu nome, além de cuidar dos seus bens. Pode confiar em mim, sou experiente em proteger ovelhas indefesas.

A mulher aceita a companhia do ex-profeta, e lhe apresenta todo seu domínio, a terra que herdara do seu pai. Convida-o para uma refeição noturna, onde põe à mesa toda fartura do oriente, pratos azeitados, e vinho de seleta casta. Tudo para um ilustre visitante.

– Quem foi que falou para você que o seu pai estava morto? Pergunta o andarilho à moça velha que lhe ofereceu guarida.

– Ele estava no campo, muito distante daqui, quando foi picado por uma serpente venenosa, foi fatal! Diz a mulher contristada.

– Onde fica esse campo, quero ir até lá para verificar pessoalmente se ele está morto mesmo. Diz Zaratustra, com um

Elogio à Loucura de Nietzsche

Evan do Carmo

sorriso nos olhos e com uma ideia maligna na cabeça. A mulher inocente acompanha-o por três dias e três noites até o campo, onde morrera seu velho pai. Chegando ao sopé do morro, aonde picara o morto a sagaz serpente, Zaratustra reconhece à primeira vista as marcas dos dentes de sua antiga víbora de estimação, e o corpo ainda sobre o pó, com aspecto de quem dormia e não de quem morrera de fato. Zaratustra, confuso, se aproxima do cadáver fresco, e diz de si para si: — Este homem não está morto, a minha serpente não produziu ainda um veneno mortífero capaz de causar a morte em um homem feito, como este judeu parece estar.

Depois eu ainda tenho comigo o antídoto capaz de restituir à vida a qualquer defunto, mesmo que tenha sido acometido de doença fatal, com o fim na morte natural.

—Levantarei este homem e darei uma amostra do meu poder redentor. Chegando perto dos ouvidos do homem morto, Zaratustra fala uma palavra de conforto, e o defunto se levanta de sobressalto, e diz:

– Que houve? Estava eu dormindo em pleno dia? Não me lembro de quanto tempo fiquei inerte. Diga-me bondoso viajante que sono foi esse que me derrubou, como uma picada de víbora

Elogio à Loucura de Nietzsche   Evan do Carmo

venenosa? Lembro-me apenas de um animal de quatro patas, em disparada assustando as minhas ovelhas, então fui atrás delas, e quando passava por debaixo de uma árvore, de uma videira, senti um sono mortal e não vi mais nada nem o que aconteceu com o meu rebanho. Agora acordo sem saber o destino das minhas pobres ovelhinhas. Pode me ajudar prestimoso andarilho? Preciso achar meu rebanho, senão, não terei paz por toda eternidade, não terei o meu sustento garantido. Nem uma herança para deixar para minhas futuras gerações. Se bem que, mesmo com as ovelhas em meu redil, seria impossível sem um filho varão. A não ser, que você bondoso homem, me seja generoso, e despose a minha filha para me dar um neto herdeiro, para ser rei no meu domínio. Sou guardião dessas terras e do rebanho por séculos e séculos. Todavia, quebrarei a linhagem sagrada, se não tiver um herdeiro varão, do meu próprio sangue para seguir a minha dinastia espiritual.

Zaratustra faz uma reflexão sobre todo assunto e diz:
– Não posso ajudá-lo nesse particular, amigo profeta, não comungo da mesma crença, e não posso interferir nos assuntos dos vossos oráculos. Meu tempo é muito escasso para tal projeto.

Elogio à Loucura de Nietzsche   Evan do Carmo

Tenho a minha própria opção, quanto aos deuses, e também sou profeta, ando atrás das minhas próprias ovelhas, que viraram cabritos. Preciso seguir viagem, a minha estrada ainda nem começou, quer dizer, não encontrei ainda o caminho certo para chegar onde pretendo nesse respeito. Zaratustra esquecera do voto feito à infeliz mulher, ou não achava mais necessário se demorar no grande vale, onde por um instante pensou ter encontrado um destino final, comum a todos os seres vivos: ser pai de um filho varão...Zaratustra ainda diria muito sobre ter um filho. Depois de subir em um monte de difícil acesso: profere suas bênçãos sobre os filhos:

– Amigo, percebo que já estás cansado. Todavia, só tenho esse momento para dissertar sobre esse assunto: sou descrente quanto ao arranjo de um herdeiro; sobretudo, para um homem que não consegue segurar perto de si, animais dóceis como são as pobres ovelhas. Que sucesso teria este homem em conduzir um filho no caminho para o qual idealizou disparar uma fecha? Dizem alguns tolos, aqui do oriente que, se tendo um bom arco, pode-se apontar para qualquer direção, e sem falta se alcançará o objetivo desejado inconscientemente.

Elogio à Loucura de Nietzsche

Evan do Carmo

Os filhos são uma maldição para os pais, uma eterna cobrança da sua fraqueza, um espelho mágico pelo qual se enxergará as mais remotas anormalidades de uma alma imperfeita. Amenos, é claro, que se seja um deus. Só os deuses devem, e podem dá à luz, devem ter filhos, sobretudo um filho varão. O mundo precisará deles para compreender seus pais. Os filhos dos deuses são seres perfeitos, acima do bem e do mal; quem discordará desta insana ilação humana? Ainda outro motivo, pelo qual se dizem perfeitos: são gerados sem o auxílio da natureza, são aberrações celestiais. Nunca se conheceu a mãe, ou o pai que causou tão terrível atentado à humanidade: pôr, no meio dos homens um ser de outra dimensão, incapaz de se adaptar aos costumes dos mortais. Uma divindade que se torna um vexame para o deus que o criou. Não sabem andar, nem falar, e não podem levantar um caído, ou derrubar um deitado. São inúteis fantasmas que vagam por entre os homens. Vale a pena ressaltar um fato estranhíssimo: os deuses, sobretudo os mais poderosos, só dão à luz a filhos machos.

Não me demorarei tanto para concluir minha incomparável dissertação; pode partir se quiser, fico aqui

Elogio à Loucura de Nietzsche			Evan do Carmo

com os bichos do mato, que têm estômago para ouvir a parte final do meu discurso. Principalmente os rastejantes.

    Ao falar suas últimas palavras, sobre como se deveriam tratar os filhos dos deuses; Zaratustra desce do monte alto em que subira, para derramar seu divino veneno, e não encontra um ser vivo ao seu redor; então parte para encontrar a estrada perdida, antes de dar atenção à uma mulher que chorava à beira do seu caminhar reto.

    – As mulheres: são sempre elas cúmplices de alguém, para desviar um bom critério, seja divino ou maligno - diz de si para si o incansável viajante.

    Zaratustra não descansará enquanto não encontrar um novo rebanho, ou quem sabe outros animais de confiança. Montado no dorso da infinita solidão enfrentará o mais temível dos desertos, onde provavelmente sucumbirá sobre a tempestade de ideias. O sol já despencara no topo da montanha, e se escondera para não perturbar o bravo caminhante; enquanto alheio ao que pudesse acontecer à sua volta, com o olhar e a mente fixos na sua razão de caminhar, segue em frente, avança na direção certa. Passará muitos dias, anos ou milênios; não importa, não se desviará outra vez do seu objetivo superior, nem mesmo para

Elogio à Loucura de Nietzsche — Evan do Carmo

socorrer um ser inferior, nem para acalentar uma criança à beira da estrada que escolhera andar sobre os mais áridos caminhos.

Descendo sempre rumo ao horizonte, oposto ao sol, Zaratustra observa um lindo vale de beleza espantosa, para um viajante de outros mares. Ao se aproximar da grande plantação sente um frio nos ossos, como um sopro divino sobre os seus pulmões, como que o congelar da sua respiração. Muitas pessoas colhendo frutos maduros de majestosas árvores, sobre o comando de um capataz que gritava, que não parassem de recolher as frutas de boa aparência, que serviriam para alimentar os reis das terras em que habitavam, sobre a proteção real. Os frutos não se pareciam com uvas, ou maçãs. Eram de aspecto dourado, se pareciam com ovos de ouro, ou com algum tipo de joia preciosa. Trabalhavam de sol a sol, sem descanso, nem tinham tempo para tomar uma porção de água ou de pão. Zaratustra não se contenta em observar à longa distância, e logo avança para compreender melhor a situação dos homens escravos que não reclamavam da exploração que sofriam. Devagar, chega mais perto do campo de batalha, onde as almas passivas suportavam a usurpação dos seus direitos de escolha. Zaratustra procura para o homem que

Elogio à Loucura de Nietzsche   Evan do Carmo

comandava a massa de pessoas, que eram esfoladas como ovelhas sem pastor.

— Que espetáculo é este que estás a dirigir? Algum evento artístico, onde as pessoas fingem ser escravos; ou são atores de uma grande tragédia grega? Parecem-me tão satisfeitas em carregar tão pesado fardo. Como faço para participar dessa companhia? Por ventura, não aceitas sobre teu comando pessoas de outras terras?

— Não se trata de espetáculo; é um evento natural, onde manda quem pode e obedece que não tem outra opção, outra oportunidade para ser capataz; ao invés de escravos. E pelo que me consta, não há saída para quem passa por aqui. Você deve encontrar um posto de trabalho, pois para ter direito à vida nessas terras, é necessária adaptação ao trabalho que lhe convier, digo, que lhe couber. E para um viajante de outras terras, o que ofereço é o posto de sentinela, você deve subir naquela montanha para servir de guardião de todos nós, pois vez por outra somos surpreendidos por um leão feroz, que ataca sem piedade os incautos que estão a trabalhar aqui em baixo.

— Mas, por que é que não tem ninguém lá em cima agora? Pergunta Zaratustra, negando-se a compreender o enigma.

Elogio à Loucura de Nietzsche   Evan do Carmo

– Não tem, porque não há nenhum forasteiro entre nós, somos todos filhos legítimos desta terra santa, que um dia manou leite e mel. E o posto de sentinela, não pode ser exercido por um filho natural. É exigência das alturas, da mais alta corte dos céus que, o sacrifício seja de um filho das nações, oriundo do povo pagão que habita nas sombras da ignorância espiritual, sobre o nosso arranjo supremo de um salvador; e já faz algum tempo que não aparece por aqui nenhum forasteiro; você deve ser o enviado, pois o oráculo nos falou que, em breve teríamos a liberdade de a muito esperada. Seríamos salvos por um Super-Homem. Todo este povo depende de tua coragem, robusto andarilho!

– Lamento informar, bondoso anfitrião, que eu não tenho disposição adequada, nem tampouco a coragem suficiente para tal trabalho; todavia, posso te oferecer minha sabedoria milenar para que todos os teus escravos possam se libertar dessa malévola escravidão existencial. Inteire-me mais sobre este cruel predador, para que eu possa desenvolver e aplicar uma técnica capaz de surpreendê-lo. De quanto em quanto tempo ele ataca?

– De geração em geração, e a geração dos nossos pais, por exemplo, foi toda dizimada em um só dia. Só salvaram-se os filhos que ainda não tinham físico definido para suportar o trabalho árduo.

– Quero que me mostre o ponto em que ele costuma atacar, para que eu possa pôr minha rede de arrasto, para enjaular o malfeitor. Eu sei como atrair uma presa faminta para meu laço mortal. Veja bem, raciocine comigo bondoso capataz: ele demora uma geração para voltar, isso indica que sempre ataca sobre a cegueira da fome voraz, certo?

– Sim, acredito que tenha razão, sábio forasteiro.

– Então, precisamos preparar-lhe algo, uma oferenda um tanto mais atraente do que ovelhas cansadas, que está acostumado subtrair de modo fácil. Sendo ele um animal faminto, não resistirá ao paladar embriagador de um cordeiro assado, temperado com ervas amargas que possa lhe fazer dormir por mil anos, tempo suficiente para que tuas ovelhas possam atingir a madureza. Então teremos nosso instante glorioso para subtrair a sua força, para exterminá-lo de uma vez por todas. Uma vez que tiver sobre o efeito alucinante da gula, tiraremos sua coroa, perderá para sempre o poder que pensa possuir.

– É uma empreitada um tanto difícil em se tratando de um inimigo milenar. Tenho a impressão de que falas com propriedade, destemido forasteiro. Vamos tentar; não temos nada a perder, além do que já perderíamos se nada tentássemos. Além do mais, eu prometi para os meus associados que, não ficaríamos passivos esperando seu ataque. E devo admitir que eles confiam em mim, não devo frustrar suas expectativas, a meu respeito como líder. Um líder deve buscar sempre a melhor saída, para seus subalternos, que embora cegos, esperam enxergar o mundo pelos olhos daquele a quem confiaram as suas almas.

– Então, aproveite a minha disposição, no que tange a perder tempo com assuntos teológicos, que não estejam de alguma forma ligados à filosofia do meu indestrutível Super-Homem. Vamos ao ritual prático, para salvar suas obedientes ovelhas. Você deve ter muitos cordeiros machos, que ainda não se contaminaram pelo exercício natural da coabitação.

– Sim! Isso não deve ser empecilho para o sucesso do nosso projeto, digo, do seu projeto; pois se não der certo, serei implacável em aplicar a punição que mereces, por interferir na nossa sorte hereditária.

– Não se preocupe generoso anfitrião; eu passei aqui por acaso e tu deves agradecer aos teus santos, o fato de existir ainda na terra, sábios como Zaratustra.

Elogio à Loucura de Nietzsche   Evan do Carmo

– Quem é Zaratustra? Pergunta o tolo capataz, que fica sem resposta para tão importante questão.

Zaratustra é um santo, um homem louco, um alquimista, um deus embriagado. Zaratustra é tudo que for capaz de conceber a mente do leitor.

– Traga-me de uma vez o sacrifício; enquanto eu faço uma fogueira, para assar a inocente criatura. Diz o estranho viajante que já anunciava sua impaciência para com a ignorância do dono da terra em que ousara pisar. Logo partirei para outras terras menos idólatras. Não estou acostumado a esse tipo de insurreição sacerdotal. E nunca mais verás os olhos de um sábio do quilate de um Super-homem. Diz para concluir seu adágio. Terminado o ritual selvagem, Zaratustra parte da terra do medo, deixando livre uma nação de escravos cegos, que foram guiados por gerações, por um líder mais cego do que os cegos pagãos, que conhecera em toda sua imensurável existência espiritual.

—Todo homem espera um dia se tornar dono de si, do seu caminho torto, e enquanto almeja essa utopia, inventa novas formas, para continuar escravo de si próprio. Tenho perdido muito tempo em projetos alheios, em controvérsias de pessoas tolas; já é tempo para eu me empenhar, apenas na minha suprema procura,

Elogio à Loucura de Nietzsche　　　　　　Evan do Carmo

na minha indecifrável inquietação, no escopo final da minha eterna criação.

Pensou Zaratustra, ao dar os passos necessários para se distanciar da sua última miragem.

Depois de vencer outras barreiras, na sua eterna busca para encontrar um povo livre, sobretudo, sob a liderança de um líder livre e sábio, Zaratustra persegue outro vulto; e pensa consigo, sobre sua conduta no último episódio, pela maneira que usou sua força para resolver um problema de duração milenar.

Teria agido corretamente? Estaria aquele povo preparado para viver em liberdade? Então, profere mais um dos seus adágios indecifráveis:

Os sábios criaram valores, e escreveram em sete tábuas o que deveria ser moral, e o que deveria ser justiça e honra; e por cima de uma abstrata verdade; rascunharam verdades que não cabiam em todas as montanhas de pedra que não tiveram músculos para lapidar. E seus deuses, coitados, só lhes deram duas pedras de pequeno valor, lapidadas com a plaina da ilusão-metafísica. Até onde viajará a mente de filósofo andarilho, que não consegue acompanhar a cabeça com as pernas? E quanto tempo levará para descobrir os rastros da sua mente alucinada?

Elogio à Loucura de Nietzsche   Evan do Carmo

Zaratustra não tem direção visível. É levado por instinto, para onde seu ouvido perceber um som dissonante, algo de estranho para os outros seres vivos, que habitam nas trevas da incerteza da existência. Um espírito robusto capaz de aguentar a soma de todas as questões da humanidade, um ser superior que suportará as especulações de todas almas solitárias, que não têm coragem de pegar a poeira da estrada.

Zaratustra tem a força e a estrutura de um deus, a capacidade de vencer todo desafio que se forjar, que se levantar contra sua intrepidez de guerreiro espacial, senhor de qualquer situação adversa que por ventura possa lhe sobrevir.

Andando um tanto despreocupado, com a mente em outro estado, em outra existência, de súbito, vê surgir nas nuvens um homem como que flutuando sobre o nada, ou na ilusão de uma camada de céu, visível das partes baixas da terra. Zaratustra se impressiona sobremaneira, e pergunta para si, O que representa este novo símbolo, que vislumbra de modo descrente. Aquilo para ele não parecia tão real: uma estrutura de gás carregar de um lado do céu a outro, a imagem materializada de um homem antigo. Seu questionamento não tem fim, e finalmente compreende que se trata de uma visão passageira, um relance, um descuido de sua

Elogio à Loucura de Nietzsche Evan do Carmo

irrepreensível personalidade cética. À luz de sua coerente decisão, de não se ater em pensamentos insalubres, nem às lembranças futuras; não cede à intromissão de uma imagem —futurista de um engano oriental do século 7 a.c.

E pensa consigo: estes santos cabeçudos, sempre querendo alcançar a divindade por vias tortas, por caminhos já trilhados por outros fracassos mitológicos, na tentativa de se criar um fenômeno extra-sensorial, ou de materializar uma alucinação religiosa. "A idealização de um êxtase de fé absurda". Com o fim da visão futura, quando o sol volta a brilhar no céu, agora límpido, sem nenhuma sombra escura para camuflar as verdades de um dia claro; Zaratustra se apercebe da sua posição geográfica, onde tinha posto seus pés. Já é tempo de luta no oriente, onde os lunáticos vagueiam pelos desertos tenebrosos, sobre um sol causticante, sob o comando de líderes mortos. Enfrentando inimigos que não percebem que são seus irmãos de sangue, donos da mesma herança mitológica. Adoradores de deuses pagãos, batizados na outra margem do rio, do outro lado do monte sagrado, com um nome e com uma origem nobre real diferente, portanto, senhor de cada povo que lhe adotou.

Elogio à Loucura de Nietzsche   Evan do Carmo

O sangue rolou sobre as nuvens, as areias desérticas se encharcaram com as lágrimas das mães que sofriam à distância, virando campos de areia movediça, onde afundou as almas dos condenados à massa para futuras crenças, para se erigir novos ídolos, pela ação da batuta infalível dos mártires inconscientes, ou inocentes. Tudo se arrumou à vista daquele fenômeno literário que a humanidade chamou de escrituras sagradas dos seus deuses tiranos, donos da verdade, de suas mentiras mal escritas, sobre a pedra fria da lei, onde exponha os homens de dura servis. E quem não obedece era classificado como herege ou incrédulo. E ainda impera este domínio milenar sobre os amantes de religião, mas que não são amantes de Deus.

Vamos caminhar por mais algumas milhas, para desvendar outros segredos recônditos no coração do nosso incomparável pesquisador do futuro.

Zaratustra segue, olhando agora dentro do túnel do tempo que pensa compreender às escuras, no meio de uma turbulenta tempestade. Trovões e relâmpagos ensurdecem e escurecem a vista do sagaz e incansável pensador. A compreensão dos fenômenos naturais não lhe acrescenta, ou lhe concede algum poder, para ver ao longe o que lhe espera. Procura um abrigo

Elogio à Loucura de Nietzsche
Evan do Carmo

seguro onde possa por algum tempo descansar, e esperar que passe a tormenta sobre suas vistas turvas, e confusas... E sobre o efeito nocivo da incerteza, perturbado fica por alguns instantes. Enquanto se recompõe da fraqueza que lhe sobressaltou; dormita em baixo de uma sombra de um rochedo firme e pensa consigo, enquanto delira em um sonho diurno. Quisera ser um rochedo; ou pelo menos uma pedra insignificante daquelas que os homens simples arremetem sobre um lago calmo, para não sofrer o efeito do tempo, nem de uma confusão mental. Só assim poderia me libertar de uma vez por todas das minhas crises existenciais. É duro ser meio humano e meio pedra. E no meu caso, não sei para que lado tendo migrar. Enquanto isso não ocorre, tentarei levar meu projeto a termo, com uma vaga certeza: que lá no final da minha viagem, ao consumar a minha descoberta, terei enfim, encontrado todas as respostas que faltam sobre o meu próprio escopo psicológico. Serei dono de um segredo que jamais será encontrado por outro ser humano.

    Enfermo, Zaratustra procura as razões que lhe levaram a um estado de completa desilusão filosófica. E como pedra, uma vez atirada para cima sabia que um dia teria que cair outra vez. Que passos tomará depois que acordar de um pesadelo existencial,

Elogio à Loucura de Nietzsche   Evan do Carmo

o andarilho que antes só sonhara que nunca teve dúvida quanto à direção que devia tomar?

    É tempo de despertar, as nuvens agora mais transparentes lhe trazem uma nova visão do mundo em que adormecera. Zaratustra, revigorado levanta do seu dormitar descuidado, sob a sombra da rocha rígida, que sonhara ser, e se mune de toda coragem ideal para um viajante que não sabe aonde vai dar seu caminhar infinito.

    Zaratustra já venceu muitos perigos, desbravou grandes florestas, rompeu grandes mares, atravessou longos desertos, dormiu em campos sombrios; todavia, nunca enfrentou um inimigo à sua altura. É preciso vencer a si próprio, para adquirir a força ideal para vencer outros perigos que lhe sobrevirá em situações mais difíceis do que as que dominou até agora. Consciente da sua busca irá entender a si mesmo para encontrar as forças que pensava já possuir. Isso parece discurso de filósofo grego: —conhece a ti mesmo. Diria Zaratustra em outra dimensão filosófica. Conversa fiada, produto de filosofia barata. O que um homem precisa para ser auto afirmar, não é conhecer a si próprio, antes, é imprescindível que conheça e subjugue seus inimigos naturais, seus pares, os outros homens que se passam por seus amigos, que dão tapinhas nas costas um do outro para não serem ofendidos pelo veneno que se esconde por traz da hipocrisia social.

A Mentira

Elogio à Loucura de Nietzsche					Evan do Carmo

Certa feita, Zaratustra foi procurado por um nobre governante de um país longínquo, para que interferisse em um assunto familiar. Este nobre estrangeiro tinha uma filha donzela, que fora abandonada por um príncipe, que fora lhe prometido, desde a infância em casamento à sua filha, para celebrarem uma aliança entre duas grandes nações. Aconteceu algo inesperado. O prometido príncipe, ao atingir a idade adulta, a data certa para oficializar o casamento, quando foi apresentado à moça, que seria sua esposa para toda vida, não se afeiçoou da donzela, que ao contrário do que esperava, era a moça muita bela de todas aquelas paragens, além de ser bela, possuía muitas virtudes e predicados desejáveis para ser uma esposa ideal. Por conta disso, e de modo imprevisto, o jovem príncipe não aceitou casar-se com a linda mulher, para o espanto de todos habitantes e familiares das potências em questão.

    Este rompimento estava causando desacordo entre os dois povos. O pai da noiva, da moça prometida, sentia-se ofendido, pois esta atitude expunha à vergonha seu poder régio, acima de tudo por não ter tido o príncipe, motivo plausível para tal quebra de acordo real.

Elogio à Loucura de Nietzsche　　　　　　Evan do Carmo

Como um sábio renomado que andava por todas as terras e possuía salvo conduto para entrar em qualquer território, Zaratustra não podia se esquivar dessa tarefa incomum, então ao ser convocado diretamente pelo rei, o pai logrado, Zaratustra se apressou, para ser de modo claro, como era seu costume, uma ajuda para resolver os casos complicados dos seus admiradores. Sua presença era reclamada, não para julgar assuntos alheios, pois nunca atuaria como juiz sobre qualquer que fosse uma causa estrangeira. O fato era, que o pai temia pela vida de sua única filha e herdeira. A moça estava há quarenta dias sem comer e sem falar com ninguém. Perguntada se queria ver Zaratustra, um sábio de brilhante fama mundial, ela respondeu que sim. Só falaria com um sábio de sua magnitude, pois acreditava que só ele poderia ser capaz de lhe explicar as razões, pelas quais ela fora abandonada por seu prometido, para entender por qual razão, alguém em sã consciência e gozando de saúde física poderia lhe rejeitar.

　　Zaratustra, ao chegar ao castelo dourado, onde habitavam o rei, e seus amáveis bajuladores, pede para ser levado imediatamente até os aposentos da moça enferma. A visão era quase fúnebre, pois mal tinha a moça forças para se mexer, e os relatos da mãe eram desanimadores. Depois que partira o mensageiro real a sua situação piorara. Zaratustra pede para que todos saiam do quarto e pede aos pais que esperem à porta. Com um riso imprevisto fecha a porta para que ninguém escute a longa e animadora conversa que teria com a doente emocional.

– Então, o que pensas tu da vida, triste criatura? Por que é que não reages e aceitas a tua sorte? Tens apenas um caminho a seguir, agora tens a chance de escolher. Ou te levantas e toma conta da tua herança, ou sucumbirás na morte injusta. Quero que tu vejas uma verdade: a natureza não pode prescindir da tua vida, tua essência feminina pode produzir um príncipe muito mais nobre e mais viril do que aquele que te rejeitou sem uma justa razão. Sabes também que teu pai não terá herdeiro, caso tu venhas falecer por conta desse episódio triste para ti, e inexplicável para os inocentes. Sabes o destino das mulheres?

A moça só balança a cabeça em movimento afirmativo.

Continua Zaratustra:

– Mais cedo ou mais tarde todas serão deixadas por seus amantes, foi o preço que cobrou a natureza, quando produziu o macho pela covardia natural, comum às mulheres, quando buscava um ser superior, mas, segundo consta nos anais da genética foi a mulher que deu origem à vida, e não o macho. Há na essência da fêmea, a capacidade da produção e reprodução real da vida, o macho não é necessário para a continuação da vida. São os homens quem morrem na guerra, são as mães que ficam viúvas, e não há mistério que não possa ser desvendado por uma mulher inteligente, todas as formas de poder estão nas mãos das mulheres, pois todo rei ou governante, em qualquer parte da terra, e do tempo tem sobre sua obrigação de macho os cuidados de uma mulher que lhe acalenta as amarguras e faz mais suaves e aceitáveis seus fracassos existenciais.

E qual é a razão da vida de um homem? Não é a conquista de um coração feminino?

Há mulheres, que mesmo não sendo rainha como tu, sabem dessas coisas que lastimo em ter que te ensinar a esta hora da tua vida. Estas mulheres fazem bom uso de sua supremacia sobre seu macho, seja ele um bruto caçador ou um rei poderoso, um poeta ou um filósofo alucinado com o saber. Digo-te mais, até os sacerdotes que se abstêm do sexo para servir melhor a Deus, procuram às escondidas, o carinho de um colo feminino, a despeito do voto secreto que fizeram a Deus diante dos homens. Ser mulher não é maldição como pensas tu e as filhas do teu reino. Levanta-te e assume teu destino natural, pede permissão ao teu pai e casa-te com um plebeu, mostra que não te abalastes com a decisão do príncipe tolo que te rejeitou.

    Além do mais, em breve, terás notícias de um casamento incomum, para o qual não serás convidada, nem tu nem teu pai, pois este mesmo príncipe também se casará com uma moça feia, de sua própria casa paterna. Este nobre por quem choras e morres de paixão não gosta de mulheres. Fora lhe ensinado, desde criança, por um filósofo grego, que para ser um líder infalível e um guerreiro indestrutível, um príncipe ou um rei não deve firmar aliança matrimonial com uma esposa de origem real. Há outro motivo pelo qual este e outros nobres não se casam com princesas como tu, que além de linda e virtuosa, eis rica e poderosa. É que um rei, que tem que lutar para conquistar o mundo, não pode carregar no peito dois corações batendo ao mesmo tempo. Os homens desse tempo não sabem qual é o papel natural, papel este que sabem e desfrutam os animais mais atrasado do reino animal, a procriação, a produção infindável da vida, o processo magnífico do eterno retorno.

    Depois de três noites de conversa, a mulher se alimenta e se levanta. O rei faz uma grande festa e presta sacrifícios aos seus deuses e aos deuses das nações, para agradecer a volta triunfal da filha que estivera semimorta. Zaratustra se despede antes do banquete para um jejum de quarenta dias em sua caverna, e pede para que seus animais tirem folga para celebrarem a vida que fora salva com uma grande mentira providencial.

Elogio à Loucura de Nietzsche   Evan do Carmo

O sonho

Enquanto dormitava em sua cama, em relativa paz, Zaratustra tem um sonho, e nesse desejoso sonho ele pôde compreender uma lição muito importante, lição esta que não sonhara um dia alcançar. É certo que sempre almejou a era magnífica do Super-Homem, e para isso acontecer era necessário mais que um sonho. Tratava-se de um projeto ao qual dedicou toda sua vida para alcançar. Esperava que num belo dia de sol, ao acordar, encontraria em sua porta, morando ao lado da sua caverna, muitos vizinhos com os quais pudesse compartilhar sua incomparável generosidade. Neste sonho, ele se encontrava em uma reunião com os homens superiores, entre muitos importantes, havia reis e rainhas de todos os continentes. Todos vieram prestar-lhe homenagem pela realização de seu magnífico projeto. Além de virem lhe paparicar trazendo grandes presentes e muito elogio por meio de inflamados discursos, também lhes oferecia grande soma em dinheiro para que ele continuasse seus trabalhos por meio de novas pesquisas. Queriam que ele produzisse o Super-homem em grande escala, acreditavam que com uma cópia do Super-Homem, todos os reinos da terra estariam livres e pacíficos.

Elogio à Loucura de Nietzsche   Evan do Carmo

Seria o Super-homem a solução para todos os conflitos do mundo. Entre os visitantes ilustres, havia um que já tinha em mente um projeto arrojado para que através da incomum sapiência do Super-homem pudesse subjugar os outros governantes do planeta. Este homem baixote de cara dura e de semblante maligno, vindo da Germânia, acreditava que compreendia a força do Super-homem melhor até mesmo que seu criador. Já tinha estudado a filosofia ariana e criado núcleos para divulgar entre seus compatriotas o saber singular do Super-Homem.

 Na sua visão, o Super-Homem, ele o via não como uma ponte entre o ser e o não ser do homem comum, ou como um fim para a humanidade na evolução intelectual. Para este alucinado, uma vez que tivesse posse do Super-Homem, faria milhares de cópias com o fim de exterminar todos os homens fracos, principalmente aqueles que se negavam a lhe saudar com um gesto obsceno, que lhe reconhecia como rei supremo, acima de todos os homens e de todos os deuses. Enquanto os outros governantes e reis, só queriam o Super-Homem para lhes ensinar as máximas filosóficas para que seus discursos soassem como música aos ouvidos do seu povo.

Elogio à Loucura de Nietzsche

Evan do Carmo

Zaratustra cedeu, no sonho, aos desejos do intrigante governante para ver até onde podia seu projeto ser usado para o mal.

Embora não tivesse intencionado nem uma coisa nem outra, sabia que tinha produzido algo muito mais nocivo, algo que se usado para tal fim, seria tão devastador como uma bomba nuclear. Permitiu que o homem feio levasse consigo toda sabedoria do Super-Homem. Em pouco tempo o homem feio se tornou cruel e mais repugnante. Interpretou pelo avesso as ideias poderosas do homem além do homem. Dedicou parte da sua força e do seu dinheiro para escravizar uma nação inteira que vivia em sua pátria porque não tinha terra.

Esta nação fora expulsa do oriente e havia perdido seu estado de direito. Este povo, fiel aos seus princípios e ao seu Deus, que, aos olhos dos outros povos era um tanto incomum e tirano, um Deus viril, justiceiro, pois não permitia a rebeldia dos seus adoradores, e não aceitava suborno dos seus sacerdotes, portanto este povo odiável não lhe prestava homenagem. O homem feio, que se tornara mais poderoso e mais temido a cada conquista pelo mundo, agiu da forma mais abominável contra este povo indefeso. Massacrou milhões em câmaras de gás, enterrou famílias inteiras

Elogio à Loucura de Nietzsche — Evan do Carmo

vivas, mandou milhares para o exílio na Sibéria, para que morressem congelados, fez diversas experiências com suas crianças. Seus cientistas embriagados com a possibilidade de estudar seres humanos como cobaias, faziam experiências com seres humanos vivos, como se fossem ratos de laboratórios em câmaras de pressão para que fossem observadas as bolhas que surgiam enquanto suas vítimas morriam durantes os testes. Alguns tinham seus cérebros dissecados enquanto ainda estavam vivos. Prisioneiros eram colocados em barris de gelo para se estudar a hipotermia. Voltando da vigam que fizera com o homem feio para seu país amaldiçoado, Zaratustra pede desculpas aos seus convidados ilustres e vai até seu jardin. Arranca uma rosa branca e oferece a cada governante em um gesto imprevisto. Depois sai pela porta dos fundos e dar uma volta sobre sua caverna, fecha suas portas com chave de aço e toca fogo em sua casa milenar com todos os maiores poderosos do mundo lá dentro, para salvar a humanidade de um peso que jamais seria removido de suas costas nem da sua consciência.

Elogio à Loucura de Nietzsche

Evan do Carmo

Um Judeu incrédulo

Zaratustra conhece um homem formidável, um filósofo capaz de ombrear com sua vigorosa inteligência, para ele, o único judeu que merece respeito pela força moral e lucidez espiritual, e não pelo fervor da crença em Deus. Em uma viagem além dos horizontes germânicos, longe da influência greco-romana, em um país de clima extremamente gelado, numa Sinagoga nos arredores de uma cidade europeia, Zaratustra olha pela fresta de uma porta de ferro, um ritual desconcertante. Em um discurso alucinado, um homem de barbas longas e brancas aponta para um homem jovem que se rebelara contra as antigas tradições de sua raça e religião milenar. Em um ambiente sinistro, apenas iluminado por luzes a gás. Um homem de moral e virilidade incomuns escuta de forma sumária, uma injusta sentença. Entre as mais insanas recomendações, havia uma que livrou a mente de qualquer limite para pensar o absurdo.

Não poderia ser sociável e nem ser visto com qualquer homem de sua raça a uma distância de quatro côvados. A cada pronunciação de um rol infinito de condenações, se apagava uma luz, indicando que o condenado se afastava de Deus para a escuridão maldita. E qual fora o pecado deste delicado filósofo? Afirmara que Deus e a natureza têm a mesma essência, e que o universo físico é a alma ou corpo de Deus.

Elogio à Loucura de Nietzsche   Evan do Carmo

Tudo isso lhe veio a lume, depois de investigar sua própria crença, descobrira um abismo entre os textos e livros sagrados que foram inseridos por homens comuns que detinham a autoridade de profeta ou de reis. E para tal esclarecimento; defendia que todo texto sagrado ou não, para que se efetue uma interpretação aproximada do que pretendia seu autor, necessário é que se conheça a origem, os costumes, o fundo histórico até o clima e a idiossincrasia dos habitantes da região, controvérsias políticas e religiosas.

"Quando lemos um livro em que veem coisas inacreditáveis ou Incompreensíveis, ou um livro que está escrito em termos extremamente obscuros, se não sabemos quem é seu autor, em que época e em que ocasião foi escrito, debalde tentaremos saber ao certo o seu verdadeiro sentido. Porque, se ignoramos tudo isto, não podemos de maneira nenhuma saber qual foi ou qual poderia ser a intenção do autor; pelo contrário, se o conhecermos exatamente, organizaremos os nossos pensamentos de forma a não sermos assaltados por qualquer preconceito, quer dizer, a não atribuir ao autor ou àquele em nome de quem ele escreveu nem mais nem menos do que aquilo que é justo e a não imaginar coisas diferentes das que o autor poderia ter em mente ou do que a sua época e as circunstâncias impunham.

Este sábio judeu estudara a língua mãe para desvendar as maiores discrepâncias e adulterações do texto original que se passava por palavra de Deus. Havia mergulhado na sabedoria oriental, nas escrituras indianas para encontrar a mesma gnose que lhe vendera os

Elogio à Loucura de Nietzsche

Evan do Carmo

patriarcas do seu povo como leis imutáveis passada diretamente pelo poder divino. Não podia aceitar as afirmações de homens corruptos que antes do seu julgamento perpétuo lhes ofereceram dinheiro para que que ele encontrasse um meio-termo para sua filosofia, que não expusesse suas mentiras sagradas em público. Enquanto se apagavam as luzes que representavam para seus inquisidores a própria vida do condenado, Zaratustra resolve interferir no assunto por perceber que era de interesse universal. A cada luz que se apagava, para cada uma que deixava de clarear o recinto espiritual, Zaratustra assoprava pela fresta, para acelerar o ritual, dando mais fôlego de sabedoria para o sábio Baruch, de existência tão espinhosa.

Apenas como observador, depois que o libertam, Zaratustra se esconde para ver até onde iria agora o solitário filósofo. Ao sair do ambiente escuro passa a respirara ainda mais vigor seus escritos, ganha a fama de ateu mais perigoso que veio à terra, mas em contrapartida recebe o respeito de alguns homens importante que estragaram sua índole por lhe oferecer dinheiro em troca de sua amizade, coisa vil que o sábio mesmo sendo judeu não podia conceber. Zaratustra então segue seu caminho reto e pronuncia um adágio singular sobre este nobre, todavia inocente Judeu...

– Quisera eu, em minhas andanças, encontrar um homem sábio e santo que não seja Judeu de nascença ou de crença.

Elogio à Loucura de Nietzsche   Evan do Carmo

A grande Assembleia

A sagaz serpente organizara uma reunião secreta, para catalogar, organizar e instruir os sábios que ganhariam a imortalidade da sapiência. Este evento só ocorria de sete em sete mil anos, e desta feita, só comparecera Zaratustra e seus fiéis animais. Depois da execução de um hino universal, depois das considerações iniciais e finais, fala a senhora de todos os sábios: – O que houve com os demais sábios que aqui estiveram na última conferência? - Não vejo nenhum com estatura nivelar com a sabedoria da minha visão.

-- Não sabes o que ocorreu aos mortais que se diziam sábios, aos que aqui vieram por ocasião da solene reunião? Não há mais nenhum sábio em todo teu reino, divina criatura.

Todavia, trouxe comigo os meus tolos animais. E tu bem sabes que, entre todos os sábios que já pisaram neste recinto sagrado, nenhum deles se ombreia ao menor dos meus tolos animais. Portanto, te oriento, que dês início à sessão, para

Elogio à Loucura de Nietzsche   Evan do Carmo

escolhermos quem reinará por mais sete mil anos sobre o topo da montanha gelada da sabedoria milenar.

O critério usado por aquela que presidia eternamente a instituição era: depois de sete mil anos de exploração por terras estranhas, longe de sua pátria, tinham os sábios relatos importantes para se determinar quem percorrera de fato outros mundos para obter mais sabedoria...E baseado nesses fatos, histórias e controvérsias de muitos povos, ficava fácil a escolha daquele que subiria ao topo da montanha para reinar por tão longo período.

-- Vamos à sabatina, diz a serpente. - Começarei por ti, grande Zaratustra, pelo fato de seres tu quem acumula por vários mandatos a estrela maior de sábio real:

Por onde andaste, e o que tens a nos relatar, dos lugares por onde andaste? Conte-nos teus feitos, e o que encontraste nos teus caminhos pelo oriente.

-- Venho de percorrer as muralhas da China.

Conheceste algum sábio por lá? Alguém à altura do teu calcanhar?

Elogio à Loucura de Nietzsche

Evan do Carmo

-- Não, sábia criatura. Medi todo território, escalei todos os montes, tive que subir em minha própria cabeça para avistar apenas a bunda de um Buda, em uma ignóbil procissão.

-- Mas, o que significa essa paródia, sábio Zaratustra? E quem seguiria tão incomum "doutrina"? Por aqui é comum a grande massa seguir a um santo, mesmo estando morto, ou mesmo a um animal sagrado. Todavia, seguir uma bunda, mesmo sendo gorda, é algo de difícil aceitação para um sábio como tu. Qual será o resultado dessa aberração carnal?

-- Não compreendes, dona dos mistérios de toda teologia pagã?!

Há em todo planeta centenas de milhões de famintos que seguem essa anomalia espiritual.

-- Que mais observaste em tuas andanças? Deves ter algo mais interessante a nos dizer, creio que não te detiveste apenas, em olhar para esta insignificante visão do paraíso.

-- Fiquei por horas, para ver até que ponto chegaria a insanidade. E o que mais me chocou, grande dama das estrelas, foi o fato, desta atrofia mental nunca cessar. Assim que eles enterravam aquele a quem seguiam por alguns anos, por uma

Elogio à Loucura de Nietzsche						Evan do Carmo

existência de homem mortal, logo iam atrás de uma criança para fazerem dela um novo ídolo, digo, de outra bunda mais nova. E essa metamorfose nunca cessa, sempre estão a se curvar diante de um mortal.

-- Observo grande sábio, que desta vez não temos nada de importante a relatar na ata sublime da reunião de todos os sábios. Não ouvirei teus animais, pelo fato de reconhecer em ti todas as qualidades para liderar por muitos séculos os domínios da sabedoria.

-- Ainda tenho algo ímpar a relatar-te sábia senhora. Um acontecimento de cunho universal: voltando eu do oriente enquanto passava por uma estrada sombria, encontrei jogado à beira da estrada, um homem que fora vítima de assaltantes estrangeiros. Por essa estrada passava toda sorte de viajante. Esse homem, semimorto, não encontrou uma alma generosa que lhe prestasse socorro; e ao me avistar, pediu-me que lhe concedesse um auxílio, para que ele pudesse chegar à cidade mais próxima, para que pudesse ser acudido por um médico curandeiro, pois suas dores eram deveras insuportáveis. Todavia, quando cheguei mais perto do corpo que jazia sem ajudador, pude perceber que se tratava de um antigo conhecido meu, era de fato, um parente próximo, então não podia lhe acudir. Tratava-se de um judeu, que se tornara famoso, por seu ofício de pregador da verdade, de uma verdade que tirava o sono e a paz dos seus conterrâneos. Ele pregava que os ricos deviam abrir mão de suas riquezas, e devotar suas vidas ao seu reino que duraria para todo sempre. Sua doutrina era contrária à minha maneira de ensinar os homens como se atinge a paz interior. Enquanto eu pregava com todo denodo a liberdade das regras antigas de moral, que foram escritas em lascas de pedra, ele ensinava que estas antigas leis deviam ser lidas e aplicadas de outra forma, mas sem nunca remover o sentido original.

Por esta disparidade doutrinária, nos separamos e tomamos caminhos distintos um do outro. E nunca mais nos encontramos, exceto nessa estrada, por onde eu caminhava em segurança, enquanto que ele fora atingido e ferido de morte por seus próprios irmãos.

Esse mesmo homem fora meu algoz em outra dimensão da minha existência, em outro canto do meu caminhar. Enquanto eu olhava passivo o sofrimento de meu antigo perseguidor, fui surpreendido com a intervenção de um rei que voltava de uma distante cidade, que ao ver a cena fúnebre, se aproximou e ofereceu sua ajuda real para o infeliz indigente.

O rei se dirigiu a mim dessa forma:

-- Conheces este homem? Desconfiado andarilho. É ele teu próximo?

-- Não! Como tu, sou eu também viajante nessa mesma estrada, eu ao ouvir seu pedido de socorro me aproximei, mas, não o conheço, nunca o vi antes, também, pelo seu estado deplorável, não seria reconhecido nem mesmo pelo próprio pai.

O rei fez um gesto negativo com a cabeça, e em seguida deu um sorriso, expressando uma satisfação imprevista, como quem encontrara uma resposta para tomar uma resolução importante. Pude notar em seu semblante angelical um quê maligno que justificaria sua atitude, para mim um tanto inconveniente. Esse rei, sábia serpente, viu nesse imprevisto de beira de estrada, a oportunidade de reparar um mal causado a outro homem, em outro tempo, um pouco distante dali. Sendo este homem rei supremo em seu redil, se apossou certa vez de uma propriedade alheia, usurpou, portanto, o direito de um simples súdito seu.

Elogio à Loucura de Nietzsche   Evan do Carmo

    O miserável, se vendo sem seus recursos, se matou, porque não tinha como reivindicar sua posição diante de tão presunçoso rei. Toda sua família seguiu o mesmo proceder, caíram na ruína por causa da atitude do grande rei. Todavia, depois de algum tempo começou todo povo a murmurar por conta da cruel decisão do rei. Sabia o rei, que uma atitude bondosa resgataria junto ao povo sua antiga posição, apenas com uma boa atitude real, levaria outra vez seu nome para uma condição aprovada por todos os seus súditos. Portanto, seguido dos seus gestos incomuns, veio a ordem para que os seus escravos pegassem o moribundo e o conduzissem para o seu carro particular.

    Partiu o rei levando consigo um troféu. Aquele homem machucado seria sua redenção, e ao mesmo tempo prestaria uma ajuda imperial a um estrangeiro, que não tinha relações com seu povo.

    Eu, da minha parte, fiquei a meditar: por que razão um homem de nobre estirpe pararia na sua estrada reta para dar proteção a um pobre machucado das nações?

    -- Que lição tiraste desta incomum história?

Elogio à Loucura de Nietzsche

Evan do Carmo

-- Hoje, eu posso dizer que essa façanha me incomodou por muito tempo, tirei algumas noites da minha insônia para compreender esta parábola, todavia, já cheguei a uma conclusão:

– E qual foi grande sábio?

-- Que quando deixamos de fazer algo que pretendemos fazer, mas, que por algum rancor, ou por alguma rixa do passado não conseguimos realizar, não devemos lamentar o fracasso; porque ao passo que deixamos de retribuir o mal com o bem, permitimos que outro pratique uma boa ação para livrar sua consciência de algum mal que praticou no passado. - Por esta incomum descoberta, mais uma vez a serpente coroa o grande sábio para reinar por mais alguns milênios.

Elogio à Loucura de Nietzsche Evan do Carmo

O resgate de um velho sábio.

Zaratustra, num belo dia de inverno, enquanto explorava as cercanias do seu país, na sua caminhada matinal, foi surpreendido por um pensamento de um filósofo, sobre a sua utilidade no mundo futuro:

-- Por que o tempo nos revela de modo tão cruel a nossa imortalidade? Para nós, os condenados a viver para sempre, não podemos ter a glória do esquecimento dos homens comuns, sobretudo os gênios, os escritores que vieram ao mundo para se eternizarem pelo fôlego eterno dos livros, que conseguem vencer todas as barreiras do tempo. Em todas as épocas da humanidade, até mesmo deuses se passaram por escritores para se eternizarem no universo imortal da literatura. A vida respira de modo inescusável no texto escrito. Os homens não podem prescindir de um descuido nesse aspecto, ou se deixarem de dar atenção à forma mais sublime de serem poderosos e imortais; toda humanidade sucumbirá no pântano da inutilidade do esquecimento.

Elogio à Loucura de Nietzsche   Evan do Carmo

Só serão capazes de atingir a consciência superior, se permanecerem vigorosos em produzir bons livros, onde deixarão registrado todo conhecimento necessário para a sua própria sobrevivência e de sua espécie de ser racional. É preciso valorizar os gênios que habitaram em meio a tanta incompreensão e desrespeito.

A humanidade não dá de fato, a consideração que merece um espírito do futuro, como os poetas, escritores e filósofos. A humanidade está mais afeita a canonizar as bestas que professam ser de outro mundo, que desfilam como representantes do além, profetas dos céus. Por isso, uma grande massa de pessoas rasteja à beira da estrada do conhecimento, busca acertar uma flecha num alvo invisível, e no escuro permanecerão enquanto seus líderes não forem capazes de produzir e distribuir bons livros, enquanto os homens de letras não tiverem seus nomes acima dos santos e dos burocratas reais que não passam de bobos da corte, que levam a vida em distrair os filhos dos reis, aos quais servem por comida e bebida fácil.

Depois desse momento de distração, Zaratustra resolve viajar para um país distante, para resgatar um sábio estrangeiro. Zaratustra, certa feita, visitou outro mundo um pouco distante de

Elogio à Loucura de Nietzsche — Evan do Carmo

sua concepção de existência humana. Passando ele por este continente frio, onde reinava a desordem governamental, por uma terra sem lei, onde tinha já por muito tempo imperado a injustiça, onde o rei mandava seus compatriotas para o exílio, outros para a morte, sobretudo, os sábios que não se calavam diante dos desmandos reais.

Zaratustra se depara com uma situação de difícil domínio:

Durante uma noite, em que não conseguia dormir, saiu para arejar as ideias, e, em frente a uma fortaleza estatal, observa muitos homens que marchavam para morte, uma fila incomum, onde os primeiros seriam os últimos. Então, de perto olha espantado para aquele espetáculo medieval, e pensa: este povo é um tanto distinto das pessoas que já conheci. Onde é que um dia eu poderia conceber a ideia de uma cena confusa como essa? Uma fila pode ter algum significado simbólico? Uma fila só pode ter um objetivo: classificar por ordem de chegada, ou de saída pessoas ou animais.

Os homens calados como ovelhas ao se dirigirem para o abate. Alguns parentes choravam ao lado, isso à uma boa distância, para não causar traumas naqueles que morreriam sem uma justificativa legal.

Elogio à Loucura de Nietzsche   Evan do Carmo

Entre os injustiçados havia um homem que despertou maior interesse em Zaratustra. Era um poeta louco que fora condenado à morte por influenciar os habitantes daquele país, com apenas um poema, onde dizia que os homens, que se achavam livres, não eram; pelo contrário, eram de fato prisioneiros de um sistema ditador, e para isso usou apenas metáforas teológicas, em um nível tão alto que jamais seria compreendido por alguém que não tivesse um doutorado em literatura – poética - universal. Todavia, os assessores reais eram todos filósofos, escritores subversivos, poetas viciados, teólogos embriagados. O rei, depois que os sábios sob seu comando interpretaram tal poema como uma praga nociva à consciência dos pobres, e seguindo o veredicto dos sábios de Plantão mandou executar a sentença final: uma morte ignóbil para um nobre de tão singular sapiência. Ainda se praticava a execução por meio de carrascos, que cortavam as cabeças dos condenados sobre um madeiro que ficava enterrado em meio à praça. Levando em conta que esse condenado se encontrava no meio da fila, levaria algum para que ele fosse entregue ao seu algoz final. Então Zaratustra resolve inquirir do comandante que organizava a fila:

Elogio à Loucura de Nietzsche
Evan do Carmo

— Boa noite! Venerável guardião daqueles que morrerão. Não há outro modo de calar a voz desses homens que de tão sábios foram condenados ao silêncio eterno? Não compreendo esta falta de criatividade de vossa parte. Na minha terra, quando as forças superiores acham por bem silenciar algum sábio, que por ventura venha assediar os inocentes a uma revolta contra o poder supremo do rei, simplesmente manda-lhes cortar a língua, não chegam ao extremo de punir com a morte.

— Que pensa a respeito, nobre visitante de terras longínquas?

Achas mesmo que devemos aventar que um sábio sem o uso da língua não possa ser tão nocivo quanto com ela? Aqui já foi seguido este proceder por algum tempo, todavia, eles desenvolveram a escrita que se mostrou ser muito mais poderosa para desencaminhar, do que seus discursos em praças públicas.

— Outra coisa que ainda não pude elucidar, foi o fato de a fila andar às avessas. Que quer dizer esse mistério?

— Vejo que desconhece nosso regime. Aqui é costume do imperador, libertar um condenado no dia do seu nascimento, e nesse dia a fila anda ao contrário para evitar a fraude, ninguém sabe por antecedência, nem por cálculo matemático quem será o

Elogio à Loucura de Nietzsche

Evan do Carmo

escolhido dos deuses. Faz exatamente um ano, nesse mesmo local e fila, que foi um famoso sábio liberto, na última hora da sua sentença à morte, quando o carrasco se preparava para dar seu golpe fatal, chegou a ordem de cima, que esse tal homem devia ser presenteado com alguns anos de serviços forçados em uma usina de carvão. Daí outro fato intrigante para alguns, que não entendem como os últimos podem ser os primeiros. Uma vez que o rei sempre escolhe o último da fila, quando chegar o aviso do indulto, o condenado está a poucos segundos da execução.

— Tudo bem! E hoje, não vai haver libertação de algum desses pobres homens?

— Não sabemos, já houve anos em que não chegou para mim despacho real para soltar prisioneiro. Isso ocorre porque às vezes o rei se embriaga antes da meia-noite, e não manda um mensageiro real para salvar um desses sábios miseráveis.

— Então, eu como forasteiro, talvez tenha algum recurso que te interesse, para que tu me vendas um desses homens para viajar comigo para meu país. Lá ele seria muito bem recebido. Que posso oferecer-te nobre comandante, por um homem apenas?

Elogio à Loucura de Nietzsche

Evan do Carmo

— Seja generoso, creio que tenhas mesmo com o que pagar a peso de ouro a sapiência de um desses sábios, que por aqui não valem nem mesmo seu peso em pedra.

— Não tenho grandes coisas para te oferecer, todavia, posso te ensinar algo de valor imensurável. Algo que nunca ouvistes falar, uma sabedoria que nenhum sábio dessa terra jamais conheceu, se conheceu não pôde pôr em prática.

— Que poderia ser de tão alta estima, para ti, e por que achas que eu daria assim tanto valor?

—Eu pergunto-te, há quanto tempo serves a este império tirano? Sois de fato elogiado por teu trabalho incessante? Quantas vezes recebestes pessoalmente algum reconhecimento em público do teu soberano?

— Nenhuma. Todavia, que queres dizer? Que eu não sou importante para o meu país?

— Diga você mesmo! -Sendo tu quem comanda todo esse numeroso exército não achas que poderias ser mais bem recompensado? Ouça bem o que te ofereço por um sábio apenas. Um projeto para que tu te tornes rei em lugar do déspota que tiraniza, não só os sábios, mas todo povo, e que maltrata teus soldados mal pagos.

Elogio à Loucura de Nietzsche Evan do Carmo

Os olhos do supremo oficial brilhavam, e seu pensamento voava alto, na atura do trono a quem servia, e nessa altura da conversa, Zaratustra percebeu que dominara aquele infiel serviçal.

— Então que tens a me ofertar, como pagamento por esse homem? Ofereço-te o mais velho, esse não fará mesmo falta, logo vai morrer. Aquele da ponta da fila é teu, podes levar contigo para tua terra. Porém, antes me diz que projeto é esse para que eu me torne senhor em toda essa minha pátria querida.

—Simples nobre capataz. Todos esses sábios a que desprezas a mando da besta que te governa, em poucas horas arquitetarão um plano infalível para seres rei. Solta todos eles e terás sobre teu comando todo exército e todo povo, como poderia não seres vencedor? Mesmo que alguns escolham servir até a morte, o tirano que hoje governa; não terás dificuldades, com a ajuda dos sábios de todo império ao teu lado.

Terminada a conferência, depois de expor em detalhes com base na —arte da guerra como deveria agir, Zaratustra parte levando consigo o velho sábio que veio falecer antes de cruzar a fronteira da sua terra natal.

Elogio à Loucura de Nietzsche   Evan do Carmo

O Deus incomum.

Depois de vagar por muitos caminhos, por espaços frios e áridos desertos, Zaratustra quer descer da altura da descrença para ver e explicar como surge um deus filho da imaginação dos homens. Passará por um continente singular, no que concerne à criação de mitos, não perderá tempo nos outros continentes, como o africano e o asiático, pois a seu ver, lá os deuses são criações infantis. Não precisará discorrer sobre o óbvio, as mentiras recentes daquele povo louco para edificar uma crença única à custa de uma teologia armada.

Tomando posse de sua incansável envergadura real, parte para explorar o Umbigo do Mundo. Agora livre da loucura dos sábios descrentes, acredita ser capaz de compreender mais um fenômeno humano. Descendo à velocidade dos mortais, e andando no mesmo passo dos tolos crentes, disfarçado no meio de uma multidão de cegos, Zaratustra se vê escalando uma região

Elogio à Loucura de Nietzsche   Evan do Carmo

montanhosa, forrada de vegetação aprazível e decorada por grandes obras de arte, grandes construções incomuns para serem frutos de trabalho humano. Dentro de uma peregrinação, segue como se cego fosse escutando palavras inefáveis sobre um deus brilhante que habita nas alturas e que só aparece uma vez por ano para receber sacrifícios.

O povo parece feliz. Até aí nada difere aos seus olhos, dos outros adoradores de deuses tiranos que visitara no oriente.

Todavia, algo lhe chama à atenção. Por onde andara, em todos os mundos religiosos, que conhecera, os deuses aceitavam sacrifícios diversos, como prata, ouro, carne, até virgens para lhes servirem por algum tempo. Outros aceitavam filhos varões como oferta queimada ou sacrificados em atrozes martírios. Entretanto, aquele povo nada revelara sobre a natureza dos seus sacrifícios. Isso era de fato um assunto que merecia compreensão antes da chegada ao lugar sagrado. Então, Zaratustra resolveu indagar de um velho que seguia os seus passos lentos.

— Vigoroso Senhor, eu sou novo nesse ritual sagrado, já percebi que esse deus que vós adorais, se abriga muito distante da morada comum dos homens, lá da planície, de onde tomamos esta estrada. Muitos já se cansaram, outros pereceram sobre o forte calor. Tenho observado tua força incomum. Podes, por ventura, me esclarecer um assunto? O que esse povo perseverante leva como oferenda para seu deus que mora lá nas montanhas?

— Não levamos nada material, os suprimentos que carregamos são para o nosso próprio usufruto. Apenas lhe damos o coração, não precisarmos de mais nada para o agradar. Zaratustra não compreende à primeira audição, o que queria dizer aquele provérbio cristão.

–É, parece que aqui o povo tem uma forma de devoção mais evoluída.

–Diz de si para si. Um modo um tanto peculiar de adorar um deus. Esse parece desprendido de coisas materiais. Isto me parece novidade.

Todavia, chegando ao alto do monte, Zaratustra vê com olhos estupefatos, uma cena inacreditável, isso para ele que nunca duvidou dos limites loucos da crença. Mesmo para ele que jamais se chocara com algo bizarro que pudesse lhe fazer tremer. Dessa vez, impávido fica. Seu corpo não reage, seu sangue para de bombear, seus cabelos se eriçaram, suas vistas se turvam. Sentiu um frio mortal, procurou a terra aos seus pés e não encontrou. De frente para um sol que brilhava radioso e soberano, aquele sol que

Elogio à Loucura de Nietzsche

Evan do Carmo

lhe incomodara em seu dormitar na montanha gelada, do outro lado do mundo em que agora se encontrava, era um deus adorado por milhões de nativos dessa região, para ele desconhecida.

Num ambiente sagrado preparado para um fim especial, onde uma nação atingia o êxtase religioso em um ritual alucinante, Zaratustra vê uma cena macabra, assustadora mesmo para um descrente, uma cena extrema para sua percepção de andarilho de muitos mundos. Grandes tanques de pedras cheios de sangue, muitos postes com homens dependurados, sacerdotes sangravam as suas vítimas, lhes arrancavam o coração, e ainda pulsando, apontando para o sol, ofereciam aquele sacrifício incomum.

Zaratustra, pálido, atitude comum a um mortal, busca forças, e faz uma pergunta ao seu companheiro de jornada:

— Que visão do inferno é esta, meu caro senhor, chegamos tarde ou em lugar errado?

— Não te perturbes, inocente estrangeiro! Isso que vês com os olhos da descrença já é costume milenar, e pelo que me consta, todos os povos começaram a adorar o sol, a lua, ou as formas da natureza. Por que te incomoda sobremaneira com o nosso ritual sagrado?

Elogio à Loucura de Nietzsche   Evan do Carmo

— Havias me dito venerável senhor, que teu povo servia apenas com o coração; nem eu nem ninguém poderia inferir que se tratava de oferecer um coração literal. E como é que se escolhem as vítimas para tal insanidade teológica?

— Não te aflija grande curioso dos assuntos alheios, não há injustiça nesse particular. Esses homens que vês sendo desmembrados para oferta ao grande espírito dos céus, são culpados de sangue, condenados por crimes vis. São de fato criaturas sem reabilitação social que cometeram crimes atrozes, não merecem viver em sociedade. Portanto, são usados para este nobre —fim. Já vejo um grande progresso nesse respeito. Antes eram oferecidos os filhos dos pobres como oferenda. Quando os pais não tinham capacidade econômica para educar mais de um filho, então o que nascesse depois do primogênito era levado ao sacerdote para o sacrifício!

— Então, foi esse progresso que valorizou o povo e depreciou seu deus?

— Vendo por esse prisma sim. Todavia eu, como sou o mais antigo entre o povo, diria que se trata mesmo de uma evolução, partindo do pressuposto de que os deuses só vivem na imaginação das almas alucinadas, avessas ao mundo físico, aos

Elogio à Loucura de Nietzsche   Evan do Carmo

pregadores da morte, aos filisteus da consciência. Porém, o fato de usarem a adoração para fazerem uma limpeza moral entre o povo, tu deves acudir que eu esteja certo em afirmar o que te digo: morrendo os deuses, vivem melhor os homens.

    Zaratustra não concorda nem descorda, só acorda de mais uma viagem pelo mundo dos sonhos dos mortais.

Elogio à Loucura de Nietzsche   Evan do Carmo

Terceira parte

De volta para o mundo dos homens, onde viveu por séculos como pacato cidadão, politicamente correto; o criador de ovelhas agora tem amigos, família e animais, para ouvir suas lamúrias de homem comum.

    Um dia, ao voltar da sua lida diária, Zaratustra, o demiurgo espacial, encontra sua casa sob chamas. Onde antes habitava a paz doméstica, jazia agora apenas sombra de um passado próximo que não mais tornaria a ser. Foi com essa angústia de homem mortal, com essa percepção de inutilidade, que se transformou em um perdido solitário. Sem nada para transportar, apenas as roupas que lhe cobriam o corpo surrado; parte em busca de tudo que perdera, sem conhecer as razões que lhe infundiam tanta coragem e resignação para não perder tempo em lamentar seus pertences.

    Congelaria seu coração até atingir o estado sólido, botaria uma pedra no lugar onde antes batia os mais belos sentimentos por amor à vida que vivera com os seus entes queridos. Foi com

Elogio à Loucura de Nietzsche   Evan do Carmo

essa determinação que tomou a estrada sem rumo, sem roteiro certo, vagaria em muitas opiniões até perceber que não era assim tão forte como intencionara se tornar. Vai em direção ao sol, em busca da liberdade mental, as dores são atrozes, todavia, ele não para para compreender as paisagens que cercam sua estrada escura. Anda em círculo por muito tempo, até enxergar uma planície em desenvolvimento, um belo lugar para edificar uma morada eterna. Foi nessa terra de aspecto agradável, que Zaratustra, com uma estrutura de aço, e com uma resistência inconfundível adquirida no seu pretérito caminhar; resolveu edificar uma magnífica morada.

    Sua primeira caverna à prova de fogo. E para não sofrer a desventura de um pai, ao perder seus filhos; preferiu conviver com animais, e foi nessa caverna, onde começou a forjar de um homem de carne e osso, um imortal andarilho, e logo foi percebido por todos em sua volta, como um santo-demiurgo, um eremita-profeta, um ser-liberto, e libertador de todos os tipos de prisão.

    Um dia, já de posse de uma reputação idônea, Zaratustra é chamado por um vizinho, para apascentar um conflito entre dois aldeãos irmãos, que litigiavam sobre uma propriedade hereditária. E Zaratustra aconselhou de modo ímpar, como os dois homens

Elogio à Loucura de Nietzsche　　　　　　Evan do Carmo

poderiam encontrar a paz, para continuarem amigos sem causar prejuízo um ao outro:

— Que se passa convosco amistosos vizinhos? Por que discutem sobre uma causa de tão fácil solução?

— Que tem a nos dizer sábio estrangeiro? Por acaso conheces as nossas leis, no que tange aos direitos de primogênito?

— Não compreendo as suas leis, concernente ao pacto que fizeram com os seus antepassados, sobretudo o pacto que fizeram seus pais para a distribuição da herança. Todavia, conheço outro caminho mais razoável, para que não se matem e percam todo usufruto dos bens que lhes conferem os direitos tribais.

— Então fale de uma vez! – Diz o varão vigoroso, o primogênito. Já não temos tanto tempo para perder escutando seus discursos rebuscados. Vá direto ao ponto! Tem uma solução pacífica que não traga prejuízo para mim, que sou o verdadeiro merecedor da herança de meu pai?

— Vejo que se trata de uma boa quantia. Todavia, nada vale mais que o sossego, e paz mental de um homem livre. Não importa se é, ou não o primeiro filho a vir ao mundo das contradições. E sendo tu, o mais desejado, aquele que veio rasgar a madre de tua mãe, não deves ser longânime para com teu irmão,

Elogio à Loucura de Nietzsche   Evan do Carmo

que veio depois de ti, aquele que recebeu as tuas sobras, que mamou nos peitos secos que fora a tua fonte de robustez?

— Que queres dizer, com tua infâmia retórica? Onde queres chegar com essa conversa confusa? Queres ensinar por enigma, ou estás perdido no teu divagar filosófico?

— Entendam meus caros vizinhos; estou aqui há quanto tempo?

— Já nos incomoda há muito tempo, com as tuas difíceis decisões, sempre aceitas por nossos compatriotas.

— Então escute meu veredicto sobre este assunto: tu deves abrir mão do teu pseudodireito de primogenitura. Teu irmão, embora mais jovem possui mais habilidades para os negócios. Empossa-o sobre os teus bens, para cuidar de tudo que te confere, e te tornarás mais rico assim que ele morrer; pois com as ansiedades da vida, com o stress das financias, na busca diária em amontoar mais riquezas, para garantir as que possuem, logo será destruído pelo veneno do vil-metal. E tu, logo terás a fortuna acrescentada, e, por enquanto, vai viajar, conhecer o mundo e descobrir outros valores que não são ganhos, nem pagos com dinheiro.

Elogio à Loucura de Nietzsche   Evan do Carmo

Zaratustra, terminando o diálogo, findando seu conselho inegável, pelo nível de sabedoria que despejara sobre tão árida discussão; parte em segurança para sua habitação segura no meio da floresta; sabendo que mais uma vez fora útil aos seus singulares associados. Sua sabedoria era irrefutável, seus conselhos indiscutivelmente práticos, para proporcionar a paz do seu pequeno reino. Na volta, durante o cair da tarde dourada, onde o crepúsculo desenhava uma celestial mensagem, e Zaratustra se sentindo importante, para seu habitat, pensa consigo: —eu já estou ficando velho, e não consegui ainda uma companhia, para me curar a maldita solidão, nem filhos tenho para discutirem sobre os meus bens, que embora poucos serão dados aos pobres por falta de um herdeiro natural.

De súbito, encostado e amarrado a uma cerca, Zaratustra observa um jumento, que lhe dirigia um olhar amigável, e fazia menção para lhe acompanhar, e com uma força descomunal, conseguiu quebrar a corda, para seguir os passos lentos de um ancião, que denunciava visível cansaço, já dominado pelo peso da idade avançada.

Elogio à Loucura de Nietzsche   Evan do Carmo

— Que desejas amigo animal? - Diz Zaratustra, apiedado do animal de singular docilidade – Por que me segue assim de forma tão obstinada? Não te reclamarão a propriedade?

Para espanto de um homem, que já vira quase tudo, na longa experiência de vida. Fala o jumento para seu prestimoso senhor:

— Sou um animal de estimação de um rei que não conheço, apenas me disseram que esperasse no ponto onde me viste amarrado, e sei que é a ti que devo servir de hoje doravante.

Fui enviado para te carregar nas viagens que tens que empreender para resolver os assuntos dos teus súditos, nesse incomparável reino.

Zaratustra compreende, que tudo aquilo podia ser o início da sua alucinação de velhice, e aceitou a montaria no filho de jumenta. Desfrutando um relativo conforto, um pouco despreocupado com o assunto que acabara de resolver, caminha de volta à sua casa sem maiores inquietações, agora, sobre o dorso do arquétipo da estupidez, Zaratustra pressente algo desolador para seu lugarejo: logo iria começar a cair uma tempestade, chuva diluviana sobre seu caminho árido; é tempo de regaçar as mangas para atravessar um longo rio que se formou em sua frente. Zaratustra pergunta ao seu fiel condutor:

— E aí? Disposto animal, sabes por ventura, nadar sobre água corrente?

— Não estou de fato, acostumado com tanta água junta em um só lugar, todavia, tentarei vencer esta enxurrada para te salvar, meu sábio mestre.

Ao ouvir essas palavras de autoestima, Zaratustra aceita a proteção do ignoto animal, e parte para uma nova e singular aventura. Atravessando em segurança, chega à margem seca do rio largo, que se formara do nada, e pensa, depois de pisar terra firme:

—Às vezes é preciso retroceder dos nossos mais altos pensamentos, para buscar compreensão das suas origens; é necessário descer do topo das árvores frondosas, para verificar suas raízes, se estão mesmo bem plantadas. Não é sábio tentar atingir as estrelas, sem antes aprender como caminhar sobre a poeira das estradas desérticas. —Eu que já andei sobre o dorso de uma águia-real, agora me presto a este ignominioso papel: montar no lombo de uma besta, para atravessar uma enchente de ideias que já nascem mortas.

Elogio à Loucura de Nietzsche   Evan do Carmo

Zaratustra não pode conceber a ideia de não andar com as suas próprias pernas; muito menos admitir que precisa de um ser inferior para alcançar um objetivo nobre. Diz de si para si. Todavia, é preciso tocar em frente, não importa se ater aos rastros do passado. É no futuro que está a liberdade almejada por todos que veem à luz do mundo. Que todos os homens nascem escravos, não há quem advogue o contrário, entretanto, continuar no mesmo ponto em que se nasce é um ato vil contra a natureza.

O homem que se perde em caminhos tortos, que fica toda existência dando volta em torno de si mesmo, ou em volta de algum projeto inútil, não alcançará o sol da liberdade, comum às formas mais rudimentares de vida na natureza.

As sementes se reproduzem e se transformam. Tudo evolui para ser sementes outra vez, e nunca cessa o vai e vem no ciclo da existência natural; pela lei inescusável do eterno retorno; e só os fracos são extintos. Não se trata de tamanho, e sim de agilidade, capacidade de adaptação ao novo, ao ineditismo, como ao criador. Só quem cria sobrevive ao apocalíptico anúncio natural da transformação da explosão dos átomos. Já ouvi de tudo nessa minha longa existência: que não há saída para certos tipos de conflitos, que não se pode vencer certas barreiras existenciais.

Elogio à Loucura de Nietzsche
Evan do Carmo

Tipo, quem nasceu torto morre torto! Isto é filosofia niilista. Lembro-me de um tempo em que os homens viviam nas cavernas, no zênite da humanidade, em que, segundo lendas, eram senhores de todos os animais, e não precisavam trabalhar para sobreviver, pois tinham todas as provisões necessárias para subsistirem, e, que por um deslize natural, foram expulsos do paraíso, para encontrarem a sua própria sorte. Qual foi o resultado? Não estão os homens aí mais sábios do que antes de comerem a fruta do conhecimento? Seria trágico se não fosse cômico; que esta fruta, invés de matar, fosse capaz de dar vida àqueles que tomaram do fruto por conta própria, para saciar a fome voraz de novas descobertas. Hoje, os homens são senhores de si mesmos, capazes de ir e vir, sem a presença de um anjo disfarçado de serpente para lhes indicar o caminho a seguir, e a fruta que devem comer. Tudo pode se transformar, variar e, o que deve ser considerado é o impulso que precisa ser dado, ou seja, a proporção necessária para tal ação. É comum ficarmos nos achando pequenos diante da distância que precisamos percorrer para alcançar a liberdade almejada. No entanto, se olharmos bem para o lado, encontraremos um suporte, uma ajuda moral, veremos que não estamos absolutamente sós; e, que na mesma estrada existe

Elogio à Loucura de Nietzsche Evan do Carmo

alguém andando descalço e malvestido, talvez com mais limitações físicas que as nossas.

É o homem, o único ser capaz de vencer todas as barreiras da alma humana. Eu, como um paleontólogo, procuro meu esqueleto nas profundezas do espírito humano, para justificar minha teoria do Super-homem.

Sim, antes que me confundas com algum maldito compêndio de autoajuda, ou que me compares com algum mago místico da literatura vulgar deste século, deixa-me contar-lhe algo novo.

Zaratustra não perderá tempo dando conselhos que não consegue aplicar em sua própria história, e como ser humano, já não suporta mais os discursos dos seus pares. Portanto, diz ao seu animal:

— Vamos? Agora, eu te carregarei sobre a terra seca. Devo dizer-te que fui surpreendido com a tua agilidade e destreza de quadrúpede, ou talvez as águas não fossem assim tão profundas como imaginei a princípio. Todavia, é longo o caminho que temos que trilhar juntos, até compreendermos se realmente necessitamos um do outro.

Elogio à Loucura de Nietzsche — Evan do Carmo

Ao ouvir essas palavras: fica impávido o burro, e confiante quanto à sua posição no arranjo da natureza. Terá o seu quinhão junto ao intrépido viajante, será parceiro no mais alto projeto até então idealizado por um mortal: a construção de um escopo final para se confirmar o dom maior de um homem-deus. A revelação do Super-homem.

Zaratustra compreende que seu novo animal tem predicados importantes para lhe acompanhar na longa caminhada. Todavia, persiste em carregar sobre as costas a carga pesada da ignorância:

— Vamos! Queres andar comigo? Então aceitas de uma vez todas as minhas exigências! Eu não permitirei que me afrontes outra vez, chegando a ponto de me expor à tua brutalidade, de levar-me a salvo por sobre as águas sujas das minhas contradições. Seguiremos juntos, todavia, não lhe é permitido falar, nem me interromper quando eu estiver falando com os meus agregados. Lá em minha caverna, já tem outros bichos me sondando, querendo comigo morar, entretanto, eu nunca permiti que entrassem no meu repouso, na minha intimidade. Há, por exemplo; uma serpente que dizem ser muito sábia, todavia, eu não testei ainda a sua sapiência; estou, portanto,

Elogio à Loucura de Nietzsche
Evan do Carmo

agora resolvido a permitir que lá more, para vigiar-te, pois não terei tempo para te sustentar com a minha minúscula porção de vida. Quem sabe farão um belo par!

O animal não deu mais nenhuma palavra durante todo caminho de volta à casa do seu estranho dono.

E, à beira da estrada, à distância de poucas passadas, avista uma mulher dando de mamar a uma criança magra que esperneava por falta do leite da mãe. Zaratustra resolve interpelar a nativa, que lhe parecia um tanto angustiada com a situação que lhe infligia um sofrimento inumano, e uma sensação de inutilidade; o fato de ser mãe seca, de não ter o provimento natural para garantir a vida de sua inocente cria. Diz Zaratustra, para a infeliz genitora:

— Por que chora esta magrela criatura? Não podes tu por ventura aliviar as dores daquele a quem deste a luz?

— Sou mãe amaldiçoada por Deus, não segui os passos dos meus pais, no que tange à lealdade à minha herança religiosa, por isso não tenho leite para saciar a fome do meu pequeno desafortunado herdeiro, que produzi com a ajuda de um homem incrédulo.

— Então, por que viestes até à minha porta com esse problema que pertence só a ti, e ao pai desse infeliz?

Elogio à Loucura de Nietzsche

Evan do Carmo

— Não ralhes comigo sábio Zaratustra, sei que podes me ajudar. Fui informada por teus vizinhos mais próximos, que tu tens deveras cuidado dos habitantes dessa aldeia, e que tens sempre uma solução prática para os mais difíceis problemas dos homens.

— Não vejo por este prisma; todavia, à guisa de aliviar a minha consciência, farei o que tenho em mente para resolver em parte o teu problema, para remover o teu entrave, criatura desventurada.

— O que me aconselhas, visto ter o pai desse filho sem sorte morrido na hora em que ele nascia?

— Então estás só? Não tens nenhum ajudador?
—Maldita são as mulheres que se entregam aos mais inúteis dos homens, que não conseguem perpetuar a espécie, àqueles que reproduzem apenas um ser inferior, menor do que si próprio, incapaz de sobreviver à primeira provação natural. Pensa Zaratustra, enquanto decide intimamente como auxiliar a sorumbática mulher.

Elogio à Loucura de Nietzsche   Evan do Carmo

— Não tenho a quem recorrer em busca de ajuda, sou só no mundo, não tenho nenhum parente por perto, só me resta a tua boa vontade, grande mestre dos desvalidos.

— Não me confundas mulher! Eu não sou mestre, nem tampouco protetor dos miseráveis. Sou apenas alguém que olha em linha reta e que caminha por vias tortas. Todavia, sou capaz de oferecer-te algum descanso, concernente ao padecimento do teu filho varão. Embora, eu não tenha aptidão para ser *quíron dos filhos dos mortais desta terra, te darei um adjutório. Vês aquela plantação ali, ao lado da minha caverna? Lá, encontrarás frutas doces e sementes para produzires pão para teu filho miserável, até que ele atinja maior idade; depois disso não terás mais responsabilidade sobre ele. Todavia, é preciso que tenhas forças para semear o chão, e perseverança para esperar que caia do céu a porção ideal de água para germinar e fazer florescer as sementes que te darei.

— Não posso aceitar este teu bom presente. Irei mais adiante, para ver se encontro um pai para meu filho, alguém que queira adotar uma criança e que possa sustentar uma mulher desamparada. Muito obrigado sábio protetor dos desfavorecidos. Não te culpo por não compreender a minha desventura.

Elogio à Loucura de Nietzsche

Evan do Carmo

Zaratustra não esperava tal procedimento vindo de tão frágil mulher, e diz um dos seus adágios favoritos: —a miséria sabe onde põe suas mãos, todavia, os miseráveis não sabem onde botam os pés.

A populaça não sabe por onde caminhar, se soubessem aonde vai dar o caminho para a autossuficiência, não andariam por estradas tão insalubres, por terras tão improdutivas.

Depois de pensar alto sobre a condição dos que não conseguem sair do seu destino hereditário, escuta a voz da abelhuda serpente:

— Já não era sem tempo, astuto viajante! Por quanto tempo deixastes a tua morada à mercê dos salteadores que moram do outro lado do rio? Eles tentaram invadir tua casa, e eu tive que usar do meu mais caro veneno para persuadi-los a não entrar em teus aposentos reais.

— Não sabia eu que havia te designado como guardiã da minha propriedade, cobra velhaca! Todavia, não sou de todo malagradecido; te recompensarei por tal virtude imprevista. E, também, não corro mais nenhum perigo às mãos daqueles filisteus da consciência. Não podem mais atravessar o rio. O feiticeiro me prestou um grande serviço, transformou o dito rio em um imenso mar de sangue, agora vivem exilados em suas próprias terras.

— Não tenha tanta segurança quanto a isso, inocente sábio.

Ouvi dizer que eles também possuem um mago, capaz de fazer coisas espetaculares, e que é só uma questão de tempo curto, para que eles se libertem outra vez.

— Não me importa isso agora. Deixa-me em paz, criatura ociosa. Não tenho paciência, para ouvir tuas ponderações sobre assuntos teológicos, tenho algo mais importante a fazer; para me cansar com tuas frases ceceadas.

Zaratustra deixa lá fora seus animais, e tenta alcançar um pouco de sossego em seus confortáveis aposentos. A hora já estava avançada, ele precisava descarregar as contradições de um longo dia. E depois de fazer sua refeição, e se servir, deita em sua cama de pedra pontiaguda.

Lá pelas últimas horas da noite calma, Zaratustra foi surpreendido por altas pancadas em sua intransponível porta. Alguém em desespero procura um abrigo para se proteger de um incêndio que consumia toda aldeia, onde as cabanas não resistiriam ao fogo e as saraivadas que caíram dos altos céus, sobre aquele povo indefeso. Ao som de vozes aflitas, Zaratustra não consegue atingir o ápice da paz de Morfeu. Então resolve abrir sua porta de ferro para compreender o acontecimento noturno. Põe suas roupas exteriores e sai sobre protestos dos seus vizinhos miseráveis, que foram punidos por alguma maldição celestial.

— Silêncio! Não posso entender todos ao mesmo tempo. Quem entre vós vos representa? O que pode um pobre camponês fazer por toda essa gente desabrigada?

O povo fica mudo, e não responde às perguntas do rei das planícies desertas, onde o fogo não conseguira chegar. Então, mais uma vez fala a abelhuda serpente, para representar todo o povo:

— Não sabes grande sábio, do que se trata, e o que representa todo esse barulho que te fez despertar do teu augusto repousar? São os filhos da desventura, aqueles pobres que acreditaram que tua mão de ferro guiaria a todos por vales de abundante paz, e fartura. Agora foram despejados das suas propriedades à custa de fogo, não suportaram a pressão dos seus arrendatários, não produziram o suficiente para pagar os tributos por eles exigidos. Agora és tu quem deves conduzir este povo à uma nova ilusão, à uma gorda herança onde possam encontrar outra vez a segurança de um povo livre.

— Compreendo sagaz criatura; todavia, não compreendo a razão pela qual não falam por si mesmos, se há poucos instantes estavam aos berros sobre o meu sagrado dormitar.

— Estão habituados a seguir um líder, e a obedecer à voz do alto. Sempre fora tu quem vos indicou para onde eles deviam marchar.

— Mas, eu nunca me constituí líder sobre este povo. –Diz Zaratustra, já um tanto irritado ao observar uma multidão de mortos vivos que não possuíam força vital para dizerem o que esperavam de um salvador.

A isso interpelou a serpente:

— Não vês, que o povo padece de uma fome voraz? Então, providencia pão e roupas limpas para este povo, que logo terás a obediência incondicional de toda essa massa de gente pagã, e poderás até ouvir a voz de alguns deles, dispostos a serem teu porta voz.

Termina essas palavras sobre o efeito de um sorriso maligno estridente.

Elogio à Loucura de Nietzsche   Evan do Carmo

— Não tenho recursos para suprir a fome, e as necessidades físicas e espirituais de todo este povo; a não ser que sejas tu, o meu braço direito, sobretudo nas questões de maior anelo mental. Já estou um tanto cansado, para arrumar tamanha responsabilidade sozinho.

Que achas da minha sugestão?

— Não tenho nenhum cargo especial, nenhum projeto importante em andamento. Posso sim, te auxiliar com este povo sem pastor, sem liderança. Todavia, precisamos esclarecer alguns pontos de vista, concernente à minha posição neste arranjo salvador que merece atenção primária.

— Tipo? Pergunta Zaratustra já desconfiado com as feições sombrias da amiga serpente, espertíssima.

— Eu farei apenas a minha parte nesse arranjo, e você fará a sua. - Continua a astuta serpente. - Não devemos confundir colaboração com exploração do poder um do outro.

Tudo acertado, Zaratustra designa sua fiel escudeira, para conduzir o povo faminto à sua mesa; e depois manda que vá a um país longínquo, para comprar boas roupas para todo povo nu.

Depois de resolver este pequeno incidente sobre sua calma noite, volta ao seu repouso sagrado. Não levantaria outra vez nem

Elogio à Loucura de Nietzsche   Evan do Carmo

mesmo para receber a visita de Dionísio seu supremo mentor filosófico.

Enfim, termina aquela noite, que na visão de mortal, diria ter sido infernal. Todavia, para Zaratustra fora um refrigério para sua alma aturdida por tantos acontecimentos imprevistos, até mesmo por ele que dominava todos os segredos dos mortais.

De manhã, logo bem cedo, Zaratustra chama sua águia para consultá-la sobre as coisas do alto. É preciso se familiarizar com as novidades, e compreender alguns aspectos da situação que lhe fizera rei sobre uma massa de gente sem norte existencial:

— Que tens a me dizer, augusta rainha da minha consciência?

Que turbulência foi aquela da noite passada? Eu tive um dia péssimo, e à noite, não consegui a calma das sombras da inconsciência!

— Não há muito que compreender. São prenúncios da liberdade que te persegue. Este povo que viste à noite serão seguidores do Super-homem, em um tempo augusto, na Aurora dos criadores. Não é tempo, portanto, para te apavorares com estes sinais, persiste em teu projeto nobre, que em breve verás sua materialização. E as criaturas que te apareceram, a sábia serpente,

Elogio à Loucura de Nietzsche   Evan do Carmo

e o burro forte, já te são reais. E te seguirão de agora em diante. Serão uma ajuda nas tuas horas angustiantes. Entretanto, haverá ocasiões em que te parecerão insuportáveis as pressões diárias, todavia, com as forças de tuas novas criaturas, conseguirás transpor todo e qualquer desafio.

Zaratustra, confortado para enfrentar mais um dia longo, prepara-se para uma longa viagem. Irá visitar um reino à esquerda da sua aldeia, onde ouviu dizer que tal rei possuía muitas riquezas milenares, tesouros esquecidos pelo tempo.
Acredita que este singular governante lhe possibilitará alguma descoberta importante sobre a gênesis do seu escopo esquecido.

Adentrando em terras estrangeiras, ainda no limiar da fronteira de um belo país, Zaratustra encontra uma paisagem interessante, e um clima mais ameno. Não fazia o mesmo calor abrasador que assolava seu pequeno redil; que um dia chamou de pequeno reino, onde deixou para trás suas lembranças de "Antigo de Dias. " Onde vivera por tempos e tempos incontáveis. Sobre um suave despenhadeiro, avista muitos animais pastando em segurança, sobre os cuidados de um jovem pastor, que não aparentava idade suficiente para tão pesada obrigação. Entre os animais, havia um pequeno rebanho de cabras monteses; animais comuns na região do deserto da Judéia, e gordos carneiros de origem egípcia, e algumas vacas leiteiras.

Zaratustra interrompe o árduo trabalho do seu futuro anfitrião:

— Diga-me pequeno rapaz, em que terra pisa o incansável viajante? É aqui que reina um sábio rei que atende pelo nome de Salomão?

— Não compreendo tua indagação amistoso forasteiro, Salomão ainda não vive nessas terras; há, portanto, uma expectativa, de que em algum tempo no futuro surja um rei com este nome, todavia, como é que tu sendo estrangeiro sabes algo sobre o nosso esperado salvador?

— Não posso te responder inocente rapaz. Quero apenas que me indique o caminho para o castelo do rei que procuro. Venho de muito longe em busca de algumas respostas que acredito ser ele capaz de me conferir.

— Não creio que estejas certo quanto ao rei e ao país que pensas ter encontrado. Vivemos em tempos críticos, todo nosso povo está sob guerra. Apenas os mais jovens como eu, é que estão a tomar conta dos rebanhos, enquanto nossos pais defendem nossa herança às custas de muito sangue derramado.

Elogio à Loucura de Nietzsche — Evan do Carmo

— Com quem guerreia teu povo?

— É uma contenda muito antiga. Estar diretamente relacionada com o direito à essas terras; que segundo os dois lados, são eles os verdadeiros herdeiros. Só que não há como resolver esta questão de forma pacífica!

— Por que dizes desta forma, que não se pode resolver um conflito sem armas? Eu já vivi bastante para acreditar que a guerra é necessária, até certo ponto, depois se perde o valor. Conflitos antigos não produzem novos heróis. Se eu conhecesse melhor as razões pelas quais teu povo luta, poderia dar minha contribuição para cessar as mortes de tantos homens inocentes.

— Não te iludas, bondoso forasteiro, esse povo não viveria sem guerrear. A guerra já faz parte da sua idiossincrasia. São mais de mil anos de conflito. E depois, vou te dá um conselho, como um bom amigo faria: pega a tua estrada de volta, não te envolvas em assuntos alheios. É capaz deles se ajuntarem para te destruir, e depois voltariam ao campo de batalha. Melhor mesmo é ires embora, ou quem sabe continuar a tua busca em outros caminhos menos perigosos. Ou, talvez, possas voltar em outro tempo, em que não exista um conflito tão acirrado como esse. Vou te contar sobre alguns santarrões que viveram entrando e saindo dessa

Elogio à Loucura de Nietzsche   Evan do Carmo

guerra sangrenta. Muitos profetas que se diziam enviados dos céus para apascentar este povo, que na verdade é um povo só, e têm a mesma origem, são filhos de um mesmo pai, apenas as mães são distintas. Em um tempo remoto surgiu nessas terras um homem que acreditava ser capaz de amainar qualquer discórdia entre essa nação que se dividiu por orgulho hereditário, por achar que eram filhos de um patriarca, senhor de todas essas terras, que vai de um lado ao outro do nosso continente. Então, sendo um dos filhos desse patriarca, ilegítimo, filho de uma de suas escravas; não lhe cabia o direito à primogenitura, mas sim ao outro que nascera depois, filho original do casal de nobres, que tinha as bênçãos de Deus. Por algum tempo conseguiram viver em relativa paz. Todavia, depois que apareceram entre eles alguns profetas cabeçudos, que invés de unir, dividiu ainda mais o povo; logo ápcionou um grande conflito que persiste até os dias de hoje.

— Ainda quero saber o porquê desse teu povo não se submeter à outra nação mais evoluída, no que respeita buscar uma saída para seus conflitos. Ouvi dizer que no ocidente há muitas nações que já encontraram um modo pacífico para conviverem com etnias diferentes.

Elogio à Loucura de Nietzsche — Evan do Carmo

— Isso é utopia, caro viajante. Não há na terra gente livre de preconceito, seja em que continente for. De que mundo é que veio?

Lá em teu país não há conflitos? As pessoas não se matam por algum motivo sem relevância, como este aqui dos meus compatriotas?

— Já te falei, meu caro mancebo, lá as pessoas são inocentes, simplesmente aceitam o seu quinhão, e as terras não têm donos hereditários, cada um habita em sua tenda, e não são molestados por outro, pois cada um tem sua própria morada...embora haja sobre eles um rei, lhes é permitido fazer o que quiserem com suas vidas.

— Oh! Grande sábio de terras tão boas, que preciso fazer para ser teu seguidor? Por ventura, és tu o grande Rei desse país? Eu posso ser de grande ajuda para cuidar dos teus rebanhos, pois, em uma terra onde reina a paz, provavelmente as pessoas devam ser abastadas.

— Não, eu não tenho propriedade hereditária. Sou apenas o conselheiro daquele povo. Alguns me chamam de juiz, outros de sábio, todavia, não tenho assim tanta honra entre o povo comum, não gosto de ser confundido com um líder-religioso.

Elogio à Loucura de Nietzsche   Evan do Carmo

Prefiro ser visto como um bailarino espiritual. Ando de fato em busca de outra coisa, não quero ter discípulos, porém, te levarei para conhecer outras terras, para compreenderes que o mundo não é só aqui em teu continente.

— Não me falaste ainda o teu nome, nobre visitante, para que eu possa anunciar aos meus conterrâneos, para quem irei quando partir.

— Zaratustra, esse é meu nome. Não ouviste falar ainda de mim? Nem poderia, és muito imaturo para saber quem foi Zaratustra.

Zaratustra já viveu nessas terras em outros tempos, há muitos séculos, todavia, ainda há por aqui resquícios de sua doutrina, que ensinava a justiça e pregava a paz. Nos tempos em que explorou estas paragens, até reis se dobraram à sua irrefutável doutrina. Ainda não havia por aqui essa infame concepção de um único Deus para cada nação, os sábios daquele tempo reconheciam a existência de um Deus único, forte e justo, que conseguia de fato, a adoração de todo esse povo, sem permitir as guerras, todos se comportavam como irmãos, e a nação prosperava, o povo era respeitado por todo estrangeiro que por aqui passasse. Sabe qual era o lema, ou máxima de Zaratustra nesse tempo?

— Não imagino.

— Bons pensamentos, boas palavras e boas ações.

— Só isso? E era suficiente para influenciar todo um povo? Acho um tanto vago esta filosofia; teoricamente parece muito belo este pensamento, entretanto, gostaria de ver como funciona na prática.

— Já funcionou, tenha certeza, em um tempo em que as pessoas valiam pelo que sabiam da vida e não pelo que possuíam em termos econômicos; quando ainda se acreditava na literalidade das coisas, que hoje viraram subjetivas, por exemplo: a honra já foi literal, o direito, a lisura, até a verdade se portava intacta, na sua forma original como se compreendia em todo seu domínio. Não havia essa máscara, este véu que a torna cada dia mais abstrata e cultural-regionalista. Talvez não saibas, mas foi aqui em teu país, que um homem nobre morreu de forma ignóbil, por defender uma verdade que já não existia para seus contemporâneos. Ele ficou conhecido com o advogado do nada, pois ao ser perguntado sobre sua verdade, verdade esta que lhe conduziu à uma morte incomum, nada respondeu, por isso foi tripudiado e exposto em praça pública como mau feitor, quando na verdade fora mais um inocente que não aprendeu a hipocrisia dos mortais do oriente. Mas isso também não é do teu tempo, nem tem hoje mais importância.

— Amigo Zaratustra quando partiremos? Quero me despedir dos meus amigos e vizinhos, para ingressar na tua companhia, quero ver este mundo novo, onde vives tu e teus conterrâneos.

—Partiremos logo amanhã cedo. Se estiveres mesmo disposto a acompanhar-me, veremos à noite as terras que tanto almejas conhecer. Lá não há nenhum conflito externo e as pessoas estão resolvidas a persistirem em encontrar a felicidade, e para alcançar este estado seguro, fazem qualquer sacrifício, tudo que esteja fora, ou ao alcance da mão. Devo assegurar-te que, lá chegando, terás muitos caminhos para explorar, até encontrar a tua aptidão.

—Irei contigo, falta apenas encontrar outro jovem que possa me substituir nesse meu atual ofício. Não será muito difícil, tenho alguns parentes que estão à toa, que dariam tudo para tomar meu lugar, pelo prato de comida fria que recebo dos meus aparentados na fé, dos meus familiares mais próximos.

Elogio à Loucura de Nietzsche   Evan do Carmo

Então vá a busca de resolver este entrave, que eu vou subir aquele monte, lá descansarei por uma noite, para cedo partirmos. A viagem é rápida e longa ao mesmo tempo. Será um dia inteiro, sem parada para beber ou comer algo. Venha bem nutrido e bem agasalhado, senão, não aguentarás a depressão da descida geográfica, e o peso do ar na subida.

Ao ouvir este conselho, o jovem entusiasta não conserva mais o mesmo brilho no olhar, e o alucinante desejo de partir com o apaixonante peregrino, e pergunta:

— Que queres dizer com isso? Não achas que eu tenha força e físico necessários para enfrentar, para empreender tal viagem?

— Não quero dizer nada. Zaratustra não antecipa os acontecimentos. Amanhã saberemos se tens ou não, de fato, toda essa disposição de hoje. Antevejo apenas os sinais que são óbvios a qualquer psicólogo freudiano. Deixemos que a noite nos revele aquilo que o dia não foi capaz de trazer à luz. Vá se aprontar para a viagem pequeno pastor, enquanto eu descanso uma noite em paz.

A noite se aproximava, e não pairava nenhuma dúvida quanto à realidade do dia seguinte. Zaratustra sobe ao pé do monte

Elogio à Loucura de Nietzsche					Evan do Carmo

forrado por um tapete de grama verde e aconchegante. A expectativa era positiva; o incansável andarilho dormiria uma noite prazerosa, nos braços da autoafirmação, que conseguira em dia tão singular. Não se importaria com o fato de estar em terras estranhas e tão distante de sua pátria. Em seu peito de aço acalentava a ideia de exercer um papel para ele dificílimo, o de um pai de um filho varão, mesmo não o tendo produzido de modo natural.

A noite seria longa, dormiria apenas com uma ansiedade: a de um noivo que espera a noite anterior ao seu enlace nupcial.

Zaratustra não trouxera nada ao mundo, aonde veio encontrar uma noite de paz, e para dormir, não tinha nem mesmo onde pôr os pés, nem água quente para lavar seus pés e suas mãos enrugadas. Procura uma pedra para descansar a cabeça, e ao deitar sente uma dor no peito, e o congelar das suas pernas. Uma força entorpecente avança sobre todo seu corpo, e pensa: é hora minha alma de te extasiares sobre o prazer do não existir, da inutilidade da inconsciência. Realizei todos os desejos do teu coração, não medi esforços para te saciar de todos os anseios da vida incomum. Agora chegou o tempo do exílio, é a morte que veio te vê, enfim encontrareis o tão evitado descanso!

Elogio à Loucura de Nietzsche					Evan do Carmo

– Podes se apossar da minha alma, eterna maldição dos criadores; não respeitas nem mesmo a supremacia de um Super-Homem? Aproveita essa noite em que me entrego em teus braços, aos teus desmandos, pois tens uma noite, apenas para reinares sobre minha eternidade criativa. Não suportareis a minha presença incômoda por mais de uma noite. Nenhum Deus será capaz de aprisionar-me por mais de uma noite, longe da minha eterna busca pelo supremo viver. Descansais as vossas mãos sobre o meu magnífico dorso, deita-vos por um instante sobre o Super-homem; pois, quando o sol do meio-dia surgir no meu horizonte, caireis sobre o pó da inatividade. Então ressurgirei em outro mundo, com mais força para transformar aqueles que me escutarão e transformarão suas vidas com o meu modo infalível de dominar os homens. Em um breve Alvorecer, ao nascer do meu profético dia, vós não tereis mais poder sobre mim.

Fim

Elogio à Loucura de Nietzsche   Evan do Carmo

Citações

01 Aúra-Masda, *Aura-Mazda* ou *Ahura Mazda*, em sânscrito: asuras, "senhores", era um dos deuses existentes na cultura indo-iraniana, pré zoroastriana, politeísta, com muitas semelhanças à Índia Védica, dado que as populações que habitavam esse espaço descendiam de um mesmo povo, os arianos (ou indo-iranianos). À época em que Zaratustra nasceu, em grego "Zoroastro", no século VII a.C., os seres vivos naquela sociedade enquadravam-se em duas classes, ambas de características distintas: os ahuras e os daivas (em sânscrito: deivas, "deuses"). Antes de desaguar no que viria a ser o Zoroastrismo, aquela religião politeísta parte para um dualismo. Os ahuras ou asuras passam a ser vistos como seres que escolheram o bem e os daivas, o mal. Na Índia, o percurso seria o inverso. Zaratustra, segundo uma visão que ele teve, eleva Ahura Mazda
(Senhor Sábio) ao estatuto de divindade suprema, após Vohu Mano, a Boa Mente, aparecer para ele e revelar-lhe que Ahura Mazda era o deus supremo que tudo governava. == Significado == Significa **Senhor Sábio**, a quem se credita o papel de criador e guia absoluto do universo.

02 Übermensch. Super-homem em Alemão...

03 Jasão. Foi um herói grego da Tessália, filho de Esão rei do Iolco e criado pelo centauro Quíron.

Elogio à Loucura de Nietzsche   Evan do Carmo

04 Quíron ou **quirion** foi uma das figuras mais nobres e inteligentes da mitologia. Em sua origem, Quíron era um deus da medicina na mitologia tessaliana, mas se tornou um centauro imortal na mitologia grega, quetinha maior aceitação.

05 Zeus.Na mitologia grega **Zeus** era deus do céu e da Terra, senhor do
Olimpo, deus supremo. Conhecido pelo nome romano de Júpiter **06**
Os tetrápodes (*Tetrapoda*) constituem uma superclasse de vertebrados terrestres, possuidores de 4 membros. Em relação aos mamíferos, usa-se este termo (ou a expressão vulgar "quadrúpedes") para designar os animais que apoiam os 4 membros no solo, ao deslocarem-se, em contraposição aos animais que normalmente apoiam apenas dois, como o homem, e que são chamados bípedes. Os tetrápodes são descendentes de peixes de nadadeiras lobadas, os sarcopterígeos

07   *Homo habilis* é uma espécie de hominídeo que viveu no princípio do Plistocénico (1,5 a 2 milhões de anos). Todo texto e pensamentos deste livro é de autoria do autor. Exceto as citações.

08   **Ariadne** é a filha de Minos, rei de Creta. Apaixonou-se por Teseu quando este foi mandado a Creta, voluntariamente, como sacrifício ao Minotauro que habitava o labirinto construido por Dédalo e tão bem projetado que quem se aventurasse por ele não conseguiria mais sair e era devorado pelo Minotauro. Teseu resolveu enfrentar o monstro

09 **Dioniso**, **Diónisos** ou **Dionísio** (do grego *Διώνυσος* ou *Διόνυσος*) era o deus grego equivalente ao deus romano Baco, das festas, do vinho, do lazer e do prazer. Filho de Zeus e da princesa Semele, foi o único deus filho de uma mortal.

EDITORA DO CARMO
www.editoradocarmo.com
editoradocarmo@gmail.com

www.ingramcontent.com/pod-product-compliance
Lightning Source LLC
Chambersburg PA
CBHW070334230426
43663CB00011B/2310